JN115445

共通語でひける
シマクトゥバ
単語BOOK
沖縄・中南部編

沖縄県文化協会編

監修 **狩俣繁久・国吉朝政**

ボーダーインク

はじめに

　沖縄県文化協会は平成6年に設立されました。その翌年には、地域毎の言葉の違いを楽しみ、その違いを認めつつ再評価する催し「しまぬくとぅばさーに語やびら大会」を開催し、第11回大会からは「しまくとぅば語やびら大会」と改名して、30年近く継続し毎年好評を博してきました。

　最近では、県内各地の市町村文化協会の方々の熱心な取り組みとも相まって、28ある市町村文化協会の全てでしまくとぅばの普及・継承に向けた取り組みをしており、その他の市町村でも行政などが故郷の言葉の大切さを、地域の方々に伝え子どもたちに継承するために、多彩な取り組みをしています。

　また、沖縄県文化協会は、平成29年から「しまくとぅば普及センター運営事業」を沖縄県から受託し、当協会が築いてきた県内に広がるネットワークを活かして、県と共にしまくとぅばの普及・継承のために取り組んできました。

　今後とも、私たちは沖縄の文化の基層である「しまくとぅば」を大切に受け継ぎ、「字」ごとに変わると言われている違いも、それぞれの個性として捉え、楽しみながら展開し、その魅力を発信していきたいと考えています。

　これらのしまくとぅばを守り伝える活動を通じて、沖縄らしさが守られ、ひいてはウチナーンチュのアイデンティティの形成にも寄与すると確信しております。この本が、しまくとぅばの大切さを理解し、それを使いたいと思う人たちの役に立てれば幸いに存じます。しまくとぅばを使う人が少しずつでも増えていく事を願ってやみません。

　最後に、しまくとぅば普及センター立ち上げからご協力頂き、特に検定や講師養成講座をはじめ、印刷物の作成にご尽力頂いた、波照間永吉先生、西岡敏先生、中本謙先生、大城朋子先生、高良則子先生、他多くの先生方にも、紙面を借りて深く感謝申し上げます。

沖縄県文化協会　会長　與那嶺　紘也

シマクトゥバって何？

シマクトゥバは故郷クトゥバ

首里方言を収録した『沖縄語辞典』(1963)は「シマ」を「①村里。部落。②故郷。出身の部落。③領地。知行地。④島。海に囲まれた島。」と記している。「シマ」は、「集落」や「故郷」を表す。「島」は『沖縄語辞典』では「ハナリ」である。シマクトゥバは「故郷」のことばであり、「地域」のことばである。「島クトゥバ」ではない。

次の例は、近接する恩納村の集落のシマクトゥバである。「集落が違えばことばが違う」といわれるが、集落ごとの言語差が分かる。各地に同様の例が見られる。

「若い　ときは　みんな・で　船を　漕いだ。」

・ワカサヌ　バーヤ　シンカ・ジ　フニ　クーダン。　　　（名嘉真）
・ワカサヌ　バーヤ　ムル・サーニ　フニ　クージャン。　（安冨祖）
・ワカサヌ　バーヤ　'ンナ・シ　　フニ　クーザン。　　（南恩納）
・ワカハヌ　バーヤ　ムル・ヒチ　　フニ　クジャン。　　（谷茶）
・ワカサヌ　バーヤ　'ンナ・サーンカイ　フニ　クジャン。（塩屋）

シマクトゥバは故郷の文化

シマクトゥバは地域の人々が共同生活の中で継承してきた歴史的な存在であり、集団に共有される文化である。シマクトゥバには地域の人々の暮らしぶりや自然との関わり方が刻印されている。

先人たちは、アキノワスレグサ（ワスレグサ科の多年草）を食べるとよく眠れることを経験的に知っていて庭に植えていた。睡眠改善効果のあるこの花にニーブヤーグサ（居眠り草・名護市幸喜）、ニーブイハンソー（居眠り甘草・恩

納村恩納)と名付けて、若い世代に伝えたのである。

西原町小那覇では夏の日中に次のような会話があった。

「ナマ　ハルカイ　イケー　ティーダマキ　スンドー。」

（今　畑に　行くと　熱中症〔太陽負け〕に　なるよ。）

「ティーダ　ネーラチカラ　イチュサ。」

（太陽を　萎えさせてから　行くよ。）

熱中症という単語が無かった時代に「ティーダマキ」という単語を創出したり、「ティーダ　ネーラチカラ」というダイナミックな表現をしたりしたのも、地域の人たちの自然との関わり方を示している。

沖縄風丸ドーナツはサーターティンプラ、サーターアンダアギ、タマグティンプラなどと呼ばれる。貴重な砂糖の入った天ぷらと認識したのがサーターティンプラ(砂糖天ぷら)で、砂糖の入った油揚げと認識したのがサーターアンダアギ(砂糖油揚げ)で、卵の入った天ぷらと認識したのがタマグティンプラ(卵天ぷら)である。認識の違いが方言名に反映される。

シマクトゥバと同じく暮らしぶりもシマごとに違う。シマで暮らし、子どもたちを育ててきた祖先たちの経験と知識が積み重ねられたシマの文化とシマクトゥバを断絶させずに未来の若者に残さなければならない。

本書の表記について

本書は、『しまくとぅば単語帳9級』『しまくとぅば単語帳8・7級』『しまくとぅば単語帳6級』『しまくとぅば単語帳5級』を元に加筆修正しシマクトゥバに不慣れな方の利便性を考慮して共通語を見出しにした単語帳である。シマクトゥバの表記には沖縄県文化観光スポーツ部のもとに設置された「しまくとぅば正書法検討委員会」が定めたカタカナによる表記法を用いた。[*1]

方言の表記にカタカナを用いるのは、ひらがなに比べて表音性が高いこと、文章の中で日本語とシマクトゥバが同居しても混乱しないこと、児童

生徒へのひらがな指導とカタカナ指導で混乱を招かず効率よく指導できること等が理由である。

　　五十音図等に無い発音を次のように表記した。

・喉頭化音∗2　　　　ʔワー（ʔwa:）。ʔヤー（ʔja）
・緩やかな声立て∗3　'ウ('u)。'イ('i)。'ン('N)
・唇音化した音　　　　クァ(kwa)。クィ(kwi)。ファ(hwa)。フィ(hwi)。

　　　　　　　　　　　　　　　　　　　　　　　　　　狩俣繁久

∗1　【沖縄県における「しまくとぅば」の表記について】を参照。
　　pref.okinawa.lg.jp/bunkakoryu/bunkageijutsu/10224841/1009625.htm/

∗2　喉頭化音
　　「喉頭化音」は喉頭を緊張させて声門を完全にもしくはごく一部を開いた状態で両唇等の調音点での解放と同時に声門を解放して生み出されます。

∗3　緩やかな声立て
　　沖縄語には母音音節のア、イ、ウ、エ、オと撥音のンとは異なり、穏やかに声を立ち上げて発音する'ア、'イ、'ウ、'エ、'オ、'ンがあります。琉球独自の音声記号として「緩やかな声だて」を表す補助記号「'」（アポストロフィー）を母音字の左肩に付けて表記する方法が使われています。

目　次

カバーデザイン・イラスト　宜壽次美智

本書の見方・使い方

1、本書は沖縄県しまくとぅば普及センター刊の『しまくとぅば単語帳　中南部言葉編』9
　級、8・7級、6級、5級でとりあげられたシマクトゥバの「共通語引き」を整理、補足したもの
　で、主に那覇・首里を中心とした沖縄の中南部の「シマクトゥバ」を集めたものです。

2、本書の発音表記は原則として【沖縄県における「しまくとぅば」の表記について】(令和4
　年3月)に基づいています。

3、共通語を50音順に立項し、【　】にその言葉の漢字やカタカナを載せています。同じ言葉
　を使った用語を副項目として立項したものがあります。

4、見出しの共通語に対応する「シマクトゥバ」を掲載しました。その際同じ意味のシマクトゥ
　バが複数ある場合(「。」で併記)や、地域によって発音などに違いある場合(「・」で併記)
　があり、複数のシマクトゥバを併記したものがあります。

5、共通語の品詞の分類は以下のとおりです。

(名)名詞	(代)代名詞	(動)動詞	(副)副詞
(感)感動詞	(形)形容詞	(連)連体詞	(助)助詞
(助動)助動詞	(接続)接続詞	(接頭)接頭辞	(接尾)接尾辞
(擬音)擬音語	(擬態)擬態語	(連語)	

6、主な略語・記号

〔魚〕魚や貝など魚介物	〔鳥〕鳥名	〔植〕植物名　＊野菜や果物以外
〔昆〕昆虫名	〔動〕動物名	〔挨拶〕あいさつやフレーズ

　＊　語義に対する補足的な説明

　→　見出し語の言い換えなどの語句

7、動詞、形容詞などについては基本となる終止形を立項しました。動詞の活用については
　一部副項目として否定形、継続形、過去形を記載しました。

8、共通語で参照しにくい行事や天候、あいさつなどはそれぞれコラムとしてまとめました。

9、見出し語以外の漢字にはルビをふりました。

共通語でひける
シマクトゥバ
単語

❖ 〰 **あ** 〰 ❖

あい【藍】 （名）〔植〕エー

あいご【アイゴ】 （名）〔魚〕エー・イェー。【アイゴの稚魚<ruby>稚魚<rt>ちぎょ</rt></ruby>】スク

あいさつ【挨拶】 （名）エーサチ ＊シマクトゥバコラム（p 99）参照

あいしあって【愛し合って】 （副）カナガナートゥ・カナガナートゥグァー
→<ruby>仲良<rt>なかよ</rt></ruby>く

あいしょう【相性】 （名）エーソー。【相性が<ruby>悪<rt>わる</rt></ruby>い】エーソーグファサン

あいだ【間】 （名）エーダ・ウェーダ

あいつ （代）アニヒャー。アヌヒャー

あいて【相手】 （名）エーティ

あいらしい【愛らしい】 （形）スーラーサン。ンゾーサン

あう【合う】 （動）アタユン・アタイン →<ruby>当<rt>あ</rt></ruby>たる。【合わない】アタラン。【合っ
ている】アタトーン。【合った】アタタン

あう【会う】 （動）イチャイン。【会うやいなや】ンケージラ。ンケーハナ

あお【青】 （名）オールー →<ruby>緑<rt>みどり</rt></ruby>。【青くなっているさま】イルソーモーソー
＊<ruby>生活<rt>せいかつ</rt></ruby>に<ruby>苦<rt>くる</rt></ruby>しくてやつれた<ruby>顔<rt>かお</rt></ruby>にも<ruby>言<rt>い</rt></ruby>う

あおあおとした【青々とした】 （副）オーッテーン

あおい【青い】 （形）オーサン

あおぐ【扇ぐ】 （動）オージュン

あおさ【アオサ】 （名）アーサ ＊<ruby>海藻<rt>かいそう</rt></ruby>

あおな【青菜】 （名）オーフワ ＊<ruby>野菜<rt>やさい</rt></ruby>

あおにさい【青二才】 （名）オーゼーニーセー・オージャーニーシェー

あおばえ【青蝿】 （名）〔昆〕オーベー →<ruby>蝿<rt>はえ</rt></ruby>

あおむけね【仰向け寝】 （名）マーファナチャー

あか【垢】 （名）フィング・ヒング →<ruby>汚<rt>よご</rt></ruby>れ

あか【赤】 （名）アカ・アカー

あかい【赤い】 （形）アカサン

あかがわら【赤瓦】 （名）アカガーラ

あかぎ【アカギ】 （名）〔植〕アカギ

あかくなる【赤くなる】 （動）アカムン

アカショウビン （名）〔鳥〕クカル・クカルー

あかちゃん【赤ちゃん】 （名）アカングァ →赤ん坊、乳飲み子

あかつち【赤土】 （名）アカンチャー。マージ

あかとり【垢取り】 （名）マルカトゥヤー ＊船の底に溜まった水を汲む道具

あかまた【アカマタ】 （名）アカマター ＊ヘビ。ハブと違い無毒

あがめる【崇める】 （動）アガミユン・アガミーン。ウスリユン・ウスリーン

あからがお【赤ら顔】 （名）アカジラー →赤面

あかり【明かり】 （名）アカガイ →明るみ

あかるい【明るい】 （形）アカサン。【明るくなっている】アカガトーン

あかるさ【明るさ】 （名）アカサ

あき【秋】 （名）アチ

あきっぽい【飽きっぽい】 （形）アチハティベーサン。【飽きっぽい人】アチ
ハティヤー

あきる【飽きる】 （動）アチハティユン・アチハティーン。ニリユン・ニリーン

あく【灰汁】 （名）アク。トゥグル

あく【開く・空く】 （動）アチュン

あくにん【悪人】 （名）アクニン。ヤナッチュ。ヤナムン

あくび【欠伸】 （名）アクビ・ヌービ

あくむ【悪夢】 （名）ヤナイミ ＊不吉な夢

あぐら【胡坐】 （名）アングェーイ・アングェードゥイ・アングェールイ
【あぐらをかく】フィラクイユン

あけがた【明け方】 （名）アカチチ。アキガタ →暁

あげくのはて（に） （名）アトゥヌウンジュミ。【あげくのはてには】アトゥ
ヌウジュミネー

あげさげ【上げ下げ】　（名）アギサギ

あけはなす【開け放す】　　（動）アキハナスン

あげもの【揚げ物】　（名）アギムン

あける【明ける】　（動）アキユン・アキーン

あける【開ける】　（動）アキユン・アキーン。【開け広げる】アキフィルギーン・
アキヒルギーン

あげる【上げる】　（動）アギユン・アギーン

あご【顎】　（名）カクジ〈上顎〉。ウトゥゲー〈下顎〉

あこう【アコウ】　（名）〔植〕ウスク・ウシク

あさい【浅い】　（形）アササン

あさごはん【朝ごはん】　（名）ヒティミティムン・ストゥミティムン

あさって【明後日】　（名）アサティ・アサッティ

あさっぱら【朝っぱら】　（名）アサンナーラ

あさひ【朝日】　（名）アガイティーラ

あさましい【浅ましい】　（形）アサマサン

あさる【漁る】　（動）アサグユン・アサグイン。アサユン・アサイン

あし【足】　（名）ヒサ・フィサ。【足の甲】フィサナー

あじ【按司】　（名）アジ

あじ【鯵】　（名）〔魚〕ガチュン

あじ【味】　（名）アジ。【味にコクがある】アジクーター。【味わいがある】クー
ベーサン

あしおと【足音】　（名）アシウトゥ。アシドゥ

あした【明日】　（名）アチャー・アチャ *翌日（ナーチャ）

あずかる【預かる】　（動）アジカユン・アジカイン

あずき【小豆】　（名）アカマーミー。マーマミ

あずける【預ける】　（動）アジキユン・アジキーン

あせ【汗】　（名）アシ

あぜ【畦】　（名）アブシ *田と田の境の細い道

12

あせっかき【汗っかき】　（名）アシハヤー・アシカチャー

あせばむ【汗ばむ】　（動）アシグムン

あせみず【汗水】　（名）アシミジ。【汗水流して】アシハイミジハイ ＊よく
働くさま

あせも【汗疹】　（名）アシブ

あせる【褪せる】　（動）サミユン・サミーン〈色が〉

あせる【焦る】　（動）アシガチュン ＊せっかち（アシガチャー）

あせるさま【焦るさま】　（副）ハタハター

あそこ　（代）アマ

あそび【遊び】　（名）アシビ・アシビー

あそびば【遊び場】　（名）アシビドゥクル・アシビナー

あそぶ【遊ぶ】　（動）アシブン。【遊ばない】アシバン。【遊んでいる】アシ
ローン・アシドーン。【遊んだ】アシラン・アシダン。
【遊んでばかりいること】アシビイチュナサ・アシビブ
リ ＊遊ぶのに忙しいこと

あたえる【与える】　（動）クィユン・クィーン。トゥラスン

あたたかい【暖かい】　（形）ヌクサン

あたたまる【温まる・暖まる】　（動）ヌクタマユン・ヌクタマイン。ヌクヌン・
ヌクムン

あたためなおす【温めなおす】　（動）タジラスン・タジラシケーラシ〈食べ物
など〉

あたためる【温める・暖める】　（動）ヌクタミユン・ヌクタミーン〈体を〉

あたためる【温める】　（動）アチラスン〈食べ物を〉→熱くする

あだな【あだ名】　（名）アザナ・アジャナ

あたま【頭】　（名）チブル。【頭のてっぺん】チジ →頂上。【頭の上に乗せる】
カミユン・カミーン

あたらしい【新しい】　（形）ミーサン。【新しい物】ミームン →新品

あたり【辺り】　（名）フィン・ヒン。マングラ

13

あたりまえ【当たり前】 （名）アタイメー

あたる【当たる】 （動）アタユン・アタイン →合う

あちこち （代）アマクマ。【あちこち駆けずり回るさま】アマハイクマハイ。
【あちこち触るさま】アマサーイクマサーイ

あちらがわ【あちら側】 （名）アガタ。アマムティー →向こう側

あちらこちら （代）アリカークリカー

あっ （感）アイエー・アイエーナー ＊驚いた時などに発する感嘆詞。もっと強い
嘆きの場合はアキサミヨーと言う

あつい【暑い・熱い】 （形）アチサン

あつかいにくい【扱いにくい】 （形）アチカイグリサン

あつかう【扱う】 （動）アチカユン・アチカイン

あつがり【暑がり】 （名）アチサウミー ＊寒がり（フィーサウミー）

あつさにまいること【暑さにまいること】 （名）フミチマキ。ナチマキ

あつまり【集まり】 （名）スリー →会合

あつまる【集まる】 （動）アチマイン・アチマユン。スリユン

あつめる【集める】 （動）アチミーン・アチミユン

あて【当て】 （名）チムイ →心づもり

あと【後】 （名）アトゥ。クシ。【後になったり先になったり】アトゥナイサチ
ナイ

あとかたづけ【後片付け】 （名）アトゥカタジキ。シジュミカチ

あとずさり【後退り】 （名）アトゥシジチャー・アトゥシーチャー →しりごみ

あとつぎ【跡継ぎ】 （名）アトゥチジ・アトゥミ

あな【穴】 （名）アナ〈たて穴〉。ガマ〈よこ穴〉。【穴の開いている硬貨】ミー
フガージン ＊5円、50円硬貨

あなた【貴方】 （代）ウンジュ〈目上に対して〉。【あなたがた】ウンジュナー

あなだらけ【穴だらけ】 （名）ミーミーフーガー・ミーミーハーラー

あなどる【侮る】 （動）'ウージュン。ウシェーユン・ウシェーイン →馬鹿にす
る

あに【兄】 （名）'ウィキガシージャ。シージャ。ヤッチー

あね【姉】 （名）'ウィナグシージャ。ンミー

あの （連体）アヌ。【あの頃】アヌクル。【あの辺】アリカー。アマリカー

あのよ【あの世】 （名）アヌユー。トータビ。グソー。【あの世のお金】ウチカビ＊法事やお盆などで仏前・墓前で燃やす

あばら【肋】 （名）ソーキ。【肋骨】ソーキブニ →肋骨

あひる【家鴨】 （名）〔鳥〕アヒラー・アフィラー

あぶく【泡】 （名）アー。アーブク →泡

あぶない【危ない】 （形）ウカーサン。アブナサン →危険だ

あぶら【油】 （名）アンダ・アンラ

あぶらあせ【あぶら汗】 （名）ナマシバイ

あぶらっこい【脂っこい】 （形）アンダジューサン・アンラジューサン。【脂っこいさま】アンダブトゥブトゥー・アンラブトゥブトゥー

あぶらみ【脂身】 （名）アンダブトゥブトゥ・アンラブトゥブトゥ。ブトゥブトゥ。シルミ

あぶる【炙る】 （動）アンジュン

あふれる【溢れる】 （動）アンディユン・アンリユン・アンディン・アンリーン

あまい【甘い】 （形）アマサン

あまごい【雨乞い】 （名）アマグイ

あまど【雨戸】 （名）ハシル

あまのがわ【天の川】 （名）ティンガーラ

あまり【余り】 （名）アマイ。ヌクイ →残り

あみ【網】 （名）アミ

あむ【編む】 （動）クヌン・クムン。アジムン

あめ【雨】 （名）アミ ＊シマクトゥバコラム（p 74）参照。【屋内に雨が吹き込むこと】ウチアミ。【局地的な雨】カタブイ ＊片側だけに降る夏の雨。【天気雨】ティーダアミ ＊陽が射しているのに降っている雨

15

あめだま【飴玉】　（名）アミグァー。アップリ

あめふり【雨降り】　（名）アミフイ

あめりかじん【アメリカ人】　（名）アミリカー ＊外国人をウランダーとも言う

あやかる【肖る】　（動）アヤカーユン・アヤカーイン

あやまる【謝る】　（動）ワビユン・ワビーン。イーワキユン・イーワキーン

あらい【荒い・粗い】　（形）アラサン →乱暴である

あらいもの【洗い物】　（名）アレームン

あらう【洗う】　（動）アラユン・アライン

あらし【嵐】　（名）アラシ。ウーカジ。カジフチ →台風、暴風

あらたまる【改まる】　（動）アラタマユン・アラタマイン

あらためる【改める】　（動）アラタミユン・アラタミーン

あらわす【表す】　（動）アラワスン

あり【蟻】　（名）〔昆〕アイコー・アイ

ありがとう【有難う】　（感）ニフェーロー・ニフェードー。【ありがとうございました】ニフェーレービタン・ニフェーデービタン。【ありがとうございます】ニフェーレービル・ニフェーデービル

ある【有る】　（動）アン。【ない】アラン。【あった】アタン。【あります】アイビーン ＊「ある（アン）」の敬語

あるいは【或いは】　（副）エーネー

あるく【歩く】　（動）アッチュン。【歩かない】アッカン。【歩いている】アッチョーン。【歩いた】アッチャン。【片足を引きずるように歩く】ネージュン

あるだけ　（名）アルウッサ・アルウッピ。アルダキ →全て

あれ　（代）アリ。【あれやこれや】アリヤークリヤー

あれだけ　（名）アッピ。アフィ〈大きさや量〉

あれはてる【荒れ果てる】　（動）アリハティユン・アリハティーン。サボーリユン

アロエ　（名）〔植〕ドゥグァイ・ルグァイ

あわ【泡】　（名）アー。アーブク →泡

あわせる【合わせる】　（動）アースン。ウサースン →一緒にする

あわてふためく【慌てふためく】　（動）ソーヌギーン

あわてもの【慌て者】　（名）ソーヌガー

あわてる【慌てる】　（動）サワジュン。ドゥマンギユン・ルマンギィーン

あわもり【泡盛】　（名）アームイ。サキ

あわれむこころ【憐れむ心】　（名）ナサキ →情け

あんしんできる【安心できる】　（形）チムジューサン。ウミナークナユン
→心強い

あんない【案内】　（名）ウンチケー →ご案内

あんなにたくさん　（名）アサキー。【あんなにたくさんか】アサキーナー

あんのじょう【案の定】　（副）マサガグトゥ。ウムタルトゥーイ

い【胃】　（名）ウフゲー ＊大げさな人(ウフゲーナー)

いい【良い】　（形）'イー →よい。【良い子】'イーックァ。【良い天気】'イー
?ワーチチ。【良い日】'イーフィー。【良い人】'イーッチュ

いいかえる【言い換える】　（動）イーケーユン・イーケーイン

いいかげん【好い加減】　（名）サッコー

いいかた【言い方】　（名）イーヨー

いいきかす【言い聞かす】　（動）トゥジキユン・トゥジキーン

いいきみ【好い気味】　（名）'イーバー。'イーバス。ユーシタイ

いいきもち【良い気持ち】　（名）'イーアンベー。'イーククチ。'イーチー

いいたいほうだい【言いたい放題】　（名）イーブサカッティー

いいつけ【言いつけ】　（名）イーチキ。トゥジキ →命令

17

いいつたえ【言い伝え】　（名）チテーバナシ

いいのこす【言い残す】　（動）イーヌクスン

いいまかす【言い負かす】　（動）イーチクナースン。イーマカスン

いいまちがい【言い間違い】　（名）イーバッペー。　イーマチゲー

いいわけ【言い訳】　（名）イーフィラチ・イーヒラチ。　イーワキ

いう【言う】　（動）イーン・ᵖユン ＊敬語では「イミシェーン」。【言わない】イラン。
【言っている】イチョーン。【言った】イチャン

いえ【家】　（名）ヤー。【家にこもること】ヤーグマイ

いおう【硫黄】　（名）ユーワー

いか【烏賊】　（名）〔魚〕イチャ。【イカ墨】クリ。【イカの塩辛】イチャガラ
ス ＊塩辛（ガラス）

いがい【以外】　（名）クートゥー

いかり【怒り】　（名）イジ。【怒りが込み上げてくるさま】ワジワジー

いき【息】　（名）イーチ。イチ。【息が詰まること】イーチマディ・イーチマリー
→窒息

いきおい【勢い】　（名）イチュイ

いきぐるしい【息苦しい】　（形）イチジラサン

いきつぎ【息継ぎ】　（名）イーチゲーイ

いきどまり【行き止まり】　（名）チチアタイ →突き当たり

いきぬき【息抜き】　（名）イチゲーイ

いきもの【生き物】　（名）イチムシ。イチムン

いきりょう【生き霊】　（名）イチジャマ

いきる【生きる】　（動）イチチュン

いく【行く】　（動）イチュン ＊去る（ハユン）。【行かない】イカン。【行っている】
ンジョーン。【行った】ンジャン。【行きましょう】イチャビ
ラ ＊敬語では「イチャビラサイ」。【行くぞ】イチュンロー・イ
チュンドー

いぐさ【藺草】　（名）〔植〕ビーグィー・ビーグ

18

いくつ【幾つ】　（名）イクチ

いくど【幾度】　（名）イクケーン →何度

いくら【幾ら】　（名）チャッサ

いけ【池】　（名）クムイ →沼

いけん【意見】　（名）イチン

いこつ【遺骨】　（名）クチ

いさめる【諫める】　（動）イサミユン・イサミーン →励ます

いし【石】　（名）イシ *岩（シー）。小石（イシナグ）

いじ【意地】　（名）イジ →勇気。【意地のある者】イジジュー。イジジューム
ン。イジャー →勇者。【意地のない】イジヌネーラン

いしあたま【石頭】　（名）クファチブル

いしうす【石臼】　（名）イシウーシ *大豆や米などをすりつぶす道具

いじっぱり【意地っ張り】　（名）ガージュー →我の強い者

いしゃ【医者】　（名）イシャ・イサ

いじゅ【イジュ】　（名）〔植〕イジュ *初夏に白い花を咲かせる

いじょう【以上】　（名）ウィー。ウッサマディ *これまで（トー）

いじる【弄る】　（動）ムタブン →弄ぶ *いじくりまわされること（ムターンフィーン）

いす【椅子】　（名）'イー

いずみ【泉】　（名）イジュン。ワク

いそがしい【忙しい】　（形）イチュナサン *多忙（タバカイ）

いそぎ【急ぎ】　（名）イスジ

いそぐ【急ぐ】　（動）アワティユン・アワティーン。イスジュン

いた【板】　（名）イタ・イチャ

いたずら【悪戯】　（名）ガンマリ →ふざけること

いたずらする【悪戯する】　（動）ワチャクユン・ワチャクイン。ワクユン・
ワクイン。ガンマリスン →からかう

いたずらすること【悪戯すること】　（動）ワチャク

いただきます　〔挨拶〕クァッチー サビラ。カマビーンドー

いたっ【痛っ】　　（感）アガー　＊痛めた時に言う。「痛いなあ（アガヨーイ）」

いたむ【痛む】　　（動）ヤムン・ヤヌン

いためる【痛める】　　（動）ヤマスン　→怪我する

いためる【炒める】　　（動）イリチュン。タシユン・タシーン

いち【1】　　（名）イチ。ティーチ

いちがつ【一月】　　（名）イチグァチ。ソーグァチ　→正月

いちご【苺】　　（名）イチュビ　＊果物。リュウキュウバライチゴなど

いちじ【一字】　　（名）チュジー

いちぞく【一族】　　（名）ムンチュー。イチムン

いちねん【一年】　　（名）イチニン。チュトゥ。【一年おき】イチニングシー。チュ
　　　　　　　　　　　　トゥグシ

いちねんじゅう【一年中】　　（名）ニンジュー。【年がら年中】ニンカラニン
　　　　　　　　　　　　　　　　　　ジュー

いちば【市場】　　（名）マチグァー

いちばん【一番】　　（名）イチバン。イッチン。ムットゥン

いちょう【胃腸】　　（名）フィー・ヒー。イーワタ

いつ【何時】　　（代）イチ・イチグル。ナンドゥチ。【何時か】イチカ。ナンドゥ
　　　　　　　　チガ

いつか【五日】　　（名）グニチ

いっかい【一回】　　（名）チュケーン

いっかしょ【一か所】　　（名）チュトゥクル・チュトゥクマ。【一か所ずつ】チュ
　　　　　　　　　　　　トゥクルナー・チュトゥクマナー。【一か所に掃
　　　　　　　　　　　　き集める】ホーチンチュン。カチアチミユン

いつく【居つく】　　（動）'イーチチュン。ヤージチュン

いっしょ【一緒】　　（名）マジューン・マジュン

いっしょうます【一升枡】　　（名）チョーバン　＊穀物や酒を計るために使う道具

いっしょに【一緒に】　　（副）スルティ　→そろって

いっそう【一層】　　（副）ナーヒン・ナーフィン。ユク・ユクン

20

いつつ【五つ】 （名）イチチ →5

いってきます【行ってきます】 〔挨拶〕イチャビラ。ンジチャービラ

いってくる【行って来る】 （動）ンジクー ＊行って＋来る。【行ってきますね】ンジクーイ。ンジチャービラ。【行ってらっしゃい】ンジクーワ・ンジクーヨー。【行ってください】ンジクィミソーレ

いってらっしゃい【行ってらっしゃい】 〔挨拶〕ンジメンソーリ

いっとう【一頭】 （名）チュカラ

いっぽう【一方】 （名）チュカタ。カタグー

いつまでも【何時までも】 （副）イチマリン・イチマディン

いつも【何時も】 （副）イチン。イチヤティン

いと【糸】 （名）イチュ・イーチュー

いど【井戸】 （名）カー

いとおしい【愛おしい】 （形）チムガナサン

いとこ【従兄弟・従姉妹】 （名）イチュク

いとばしょう【糸芭蕉】 （名）〔植〕'ウー ＊芭蕉布の原料

いなご【蝗】 （名）〔昆〕ンナグラゼー・ンナグラジェー ＊バッタ（セー・シェー）

いなびかり【稲光】 （名）フリー・フディー

いぬ【犬】 （名）〔動〕イン・イングァー。【犬猿の仲】イントゥマヤー（犬と猫）

いぬまき【イヌマキ】 （名）〔植〕チャーギ

いね【稲】 （名）〔植〕ンニ

いねむり【居眠り】 （名）ニーブイ

いねむりをする【居眠りをする】 （動）クージュン。ニーブイクージュン

いのしし【猪】 （名）〔動〕ヤマシシ

いのち【命】 （名）ヌチ。【命の薬】ヌチグスイ ＊非常に美味しいものや見たり聞いたりして楽しいもの。【命拾い】ヌチガフー。ヌチヌフー ＊運よく命が助かること。【命こそ宝】〔諺〕ヌチドゥ タカラ

いのちがけ【命がけ】 （名）ヌチカジリ。ヌチトゥカクガー

い

21

いのり【祈り】　（名）イヌイ。カミニゲー

いのる【祈る】　（動）イヌユン・イヌイン

いはい【位牌】　（名）トートーメー。イフェー

いばる【威張る】　（動）イバイン。ガーイン。【威張っている者】イバヤー。ハナフラチャー。【威張りちらす者】ガーイムン

いぼ【疣】　（名）クチュビ

いま【居間】　（名）ナカメー　＊茶の間

いま【今】　（名）ナマ。【今から】ナマカラ

いみ【意味】　（名）チムエー。ワキ →訳。【意味がない】チムエーネーン

いもうと【妹】　（名）ウットゥ。イナグウットゥ →年下、弟

いやな【嫌な】　（接頭）ヤナ →悪い。【嫌な事】ヤナクトゥ

いらっしゃいませ　〔挨拶〕メンシェービリ。イメンシェービリ。メンソーレー

いらっしゃる　（動）メンシェーン。【いらしゃらない】メンソーラン。【いらっしゃっている】メンソーチョーン。【いらっしゃった】メンソーチャン・メンソーチャル

いりむこ【入り婿】　（名）イリムーク・イリムークー →婿養子

いりよう【入り用】　（名）イリユー。イッタムン →必要なもの

いる【居る】　（動）'ウン。【居ない】'ウララン。【居た】'ウタン

いるか【海豚】　（名）〔動〕ヒートゥ・フィートゥ

いれかえる【入れ替える】　（動）イリケーユン・イリケーイン。イリチガーユン・イリチガーイン

いれずみ【入れ墨】　（名）ハジチ　＊女性が手の甲などにした入れ墨

いれる【入れる】　（動）イリユン・イリーン →よそう

いろ【色】　（名）イル

いろいろ　（名）イルイル。イルカジ。【いろいろな】イルンナ。アリクリ

いわい【祝い】　（名）ユーエー　＊お祝い（ウイエー）。シマクトゥバコラム（p 89）参照

いわし【鰯】　（名）〔魚〕ミジュン

う

うえ【上】　（名）ウイ

うえきばち【植木鉢】　（名）ハナバーチ

うえる【植える】　（動）ウィーン・ウィーユン

うえる【飢える】　（動）'ウガリユン・'ウガリーン

うおいちば【魚市場】　（名）イユマチ

うかがう【伺う】　（名）ユシリユン・ユシリーン　→訪問する

うかぶ【浮かぶ】　（動）ウカブン。ウチュン

うき【浮き】　（名）ウキ

うきぐさ【浮き草】　（名）〔植〕ウチグサ ＊水草

うきよ【浮世】　（名）ウチユ・ウチュー ＊現実世界のこと

うけいれる【受け入れる】　（動）トゥイウキユン・トゥイウキーン

うけこたえ【受け答え】　（名）ウキフィントー・ウキヒントー。ウキハンシ

うけとめる【受け止める】　（動）ウキトゥミユン・ウキトゥミーン

うけとる【受け取る】　（動）ウキトゥユン・ウキトゥイン

うけもつ【受け持つ】　（動）ウキムチュン

うける【受ける・請ける】　（動）ウキユン・ウキーン

うごく【動く】　（動）ンジュチュン

うこん【鬱金】　（名）〔植〕ウッチン

うさぎ【兎】　（名）〔動〕ウサジ

うし【牛】　（名）〔動〕ウシ

うしなう【失う】　（動）ウシナユン・ウシナイン

うじゃうじゃ　（副）グァサナイ。グァサグァサ ＊生き物が多くいるさま

うしろ【後ろ】　（名）クシ。クサー

うす【臼】　（名）ウーシ

うすい【薄い】　（形）ウスサン。アファサン〈味が〉

うすい【薄い】 （形）ウスサン。フィッサン・ヒッサン〈厚さが〉

うずうず （擬態）ムジュムジュ・ムズムズ。ムジュルムジュル →むずむず
　　　　　　＊あることがしたくて落ち着かないさま

うずら【鶉】 （名）〔鳥〕ウジラ・ウジラー

うそ【嘘】 （名）ユクシ。【嘘をつくこと】ユクシムニー・ユクシムヌイー

うた【歌】 （名）ウタ

うたう【歌う】 （動）ウタユン・ウタイン

うたがう【疑う】 （動）ウタガユン・ウタガイン

うたき【御嶽】 （名）ウタキ ＊神を祀った場所

うたたね【うたた寝】 （名）トゥルトゥルーニンジ

うち【内】 （名）ウチ

うちあける【打ち明ける】 （動）ウチアキュン・ウチアキーン

うちきである【内気である】 （形）チムグーサン →気が小さい

うちべんけい【内弁慶】 （名）ヤーイジャー

うちよせる【打ち寄せる】 （動）ウチユシユン・ウチユシーン

うちわ【団扇】 （名）ウチワ。オージ

うつ【打つ】 （動）ウチュン

うっかり （副）ウカットゥ・ウカイトゥ

うつくしい【美しい】 （形）チュラサン。ウジラーサン →綺麗

うつす【映す・写す】 （動）ウチュスン

うつす【移す】 （動）ウチュスン。ナスン

うつぶせにする【うつ伏せにする】 （動）ウッチンキュン・ウッチンキーン

うつらうつら （副）ニーブイカーブイ。トゥルトゥルー

うで【腕】 （名）ウディ。ケーナ（二の腕）

うなぎ【鰻】 （名）〔魚〕ンナジ

うなじ【項】 （名）カジ

うなだれる【項垂れる】 （動）ウッチンチュン・ウッチントゥー

うに【雲丹】 （名）〔魚〕ガチチャー。マースークェー

うばいあう【奪い合う】 　（動）バーケースン

うばう【奪う】 　（動）ボーユン・ボーイン。トゥユン・トゥイン

うま【馬】 　（名）〔動〕ンマ。【牛馬の仲買人】バクヨー →馬喰

うまくいく【上手くいく】 　（動）ディキユン・リキユン・ディキーン・リキーン。【上手くやりとげる】ディカスン・リカスン →成功する

うまれ【生まれ】 　（名）ンマリ

うまれこきょう【生まれ故郷】 　（名）ンマリジマ *生まれ島。生まれた村

うまれる【生まれる】 　（動）ンマリユン・ンマリーン

うみ【海】 　（名）ウミ

うみにな【ウミニナ】 　（名）〔魚〕チンボーラー *貝

うみべ【海辺】 　（名）ウミバタ・ウミバンタ →海岸

うむ【膿む】 　（動）ンムン・ンヌン →熟す

うむ【産む】 　（動）ナスン。【産んだ子ども】ナシグァー・ナシングァ。【産み育てること】ナシスダティ。【子どもがたくさん産まれること】ナシハンジョー *家の繁栄を意味する

うめ【梅】 　（名）〔植〕ンミ

うめぼし【梅干し】 　（名）ンミブシ

うやまう【敬う】 　（動）ウヤマユン・ウヤマイン

うようよ 　（副）ムジャラクァジャラ。ムジュルムジュル *生き物が多くいるさま

うら【裏】 　（名）ウラ

うらむ【恨む】 　（動）ウラムン・ウラヌン

うらやましい【羨ましい】 　（形）ウレーマサン

うり【瓜】 　（名）〔植〕ウイ

うりさばく【売りさばく】 　（動）ウイサバチュン

うる【売る】 　（動）ウユン・ウイン

うるうづき【閏月】 　（名）　ユンジチ・ユンヅィチ

うるさい 　（形）ヤガマサン・カシマサン →やかましい

うれしい【嬉しい】 　（形）ウッサン・フクラサン。【うれしそうだね】ウッサギ

うれしさ【嬉しさ】 （名）ウッサ・フクラシャ

うろおぼえ【うろ覚え】 （名）ウルウビー

うろこ【鱗】 （名）イリチ

うわごと【譫言】 （名）タークトゥ

うわさ【噂】 （名）クチシバ。サタ

うん （感）イー〈年下に〉。ウー〈年上に〉→はい〈返事〉

うんこ （名）クス。【くそくらえ】クスクェー ＊くしゃみをした時に唱えるおまじない

え【絵】 （名）'イー

えいご【英語】 （名）ウランダグチ・ウランラグチ →西洋語

えいよう【栄養】 （名）ジョー。ウジニ

えがお【笑顔】 （名）ワレーガウ。ワレージラ

えかき【絵描き】 （名）'イーカチ・'イーカチャー →画家

えき【駅】 （名）'イチ

えくぼ【笑窪】 （名）フークブーグァー

えこひいき【依怙晶屓】 （名）カタビーチ

えさ【餌】 （名）ムンダニ・ムンラニ

えだ【枝】 （名）'イダ・'イラ。ユダ・ユラ

えだは【枝葉】 （名）ユダファ・ユラファ

えのき【榎】 （名）〔植〕ビンギ ＊サキシマエノキ、タイワンエノキなどの木

えび【海老】 （名）〔魚〕イビ。セー・シェー

えら【鰓】 （名）アジ

えらぶ【選ぶ】 （動）イラブン

えらぶうみへび【エラブウミヘビ】 （名）イラブー ＊ヘビ

えり【襟】　(名) チンヌクビ。フスムン。クビ

えん【縁】　(名) 'イン →縁

えん【円】　(名) イン。マル

えんきになる【延期になる】　(動) ヒィヌビナユン。ヌブン →伸びる

えんぎのいいこと【縁起の良いこと】　(名) カリー。カリユシ

えんどうまめ【えんどう豆】　(名) インドーマーミ・インローマーミ

えんぴつ【鉛筆】　(名) 'エンピチ

えんりょ【遠慮】　(名) 'インル。ウケーイウミー *遠慮する（ウケーユン）。【遠慮なく言うさま】ンジャンジャートゥ・ンジュミートゥ →ずけずけと。【遠慮のない人】アーランカー

おい【甥】　(名) ウィーックァ

おいしい【美味しい】　(形) マーサン。【美味しいもの】マーサムン。【美味しいね】マーサンヤー。【美味しそうだね】マーサギサッサーヤー・マーサギサンヤー。【腕によりをかけて美味しい料理をつくること】ティーアンダ・ティーアンラ

おいしくない【美味しくない】　(形) マーコーネーラン。ニーサン →不味い

おいしそうに【美味しそうに】　(副) マークーマーク

おいはらう【追い払う】　(動) ウィーホーユン・ウィーホーイン

おいわい【お祝い】　(名) ウイエー。*祝い（ユーエー）

おう【追う】　(動) ウーユン・ウーイン

おうえん【応援】　(名) カシー

おうぎ【扇】　(名) オージ →扇子

おうさま【王様】　(名) ウスガナシー。アジジャナシー。アジジャナシーメー

おうふく【往復】　（名）イチムルイ

おおい【多い】　（形）ウフサン

おおいに【大いに】　（副）ダテーン・ラテーン

おおう【覆う】　（動）ウサースン。ウスユン・ウスイン　→被せる

おおおとこ【大男】　（名）ヤトゥムン。ウフウィキガ

おおかぜ【大風】　（名）ウーカジ。テーフー

おおきい【大きい】　（形）マギサン

おおきいもの【大きいもの】　（名）マギー

おおきく【大きく】　（副）マギマギートゥ

おおきくひらく【大きく開く】　（動）ハッパユン・ハッパイン

おおきさ【大きさ】　（名）マギサ

おおごえ【大声】　（名）マギグィー。ウフグィー

おおざら【大皿】　（名）ハーチ ＊小皿（ケーウチ）。中皿（スーリー）

おおぜい【大勢】　（名）ウフニンジュ

おおはまぼう【オオハマボウ】　（名）〔植〕ユーナ

おおみず【大水】　（名）ウーミジ　→洪水

おおみそかのばん【大晦日の晩】　（名）トゥシヌユル・トゥシヌユールー

おかあさん【お母さん】　（名）アンマー〈平民〉。アヤー〈士族〉

おかお【お顔】　（名）ミウンチ ＊「顔」の敬語

おがくず【おが屑】　（名）キーカシ ＊材木の削りかす

おかげ【お蔭】　（名）ウカジ

おかし【お菓子】　（名）クァーシ ＊シマクトゥバコラム（p 115）参照

おかしい【可笑しい】　（形）'ウーカサン

おかす【犯す】　（動）ウカスン

おかず　（名）カティムン

おかね【お金】　（名）ジン　→金

おがむ【拝む】　（動）ウガムン

おかゆ【お粥】　（名）ウケー・ウケーメー

おから 　（名）トーフヌカシ・トーナカシー

おかわり 　（名）シェーシン　＊敬語では「ウシェーシン」

おかわりをする 　（動）イリケーユン・イリケーイン。シェーシンスン

おきあい【沖合】 　（名）トゥナカ

おきざり【置き去り】 　（名）ウッチャンギーリー・ウッチャンギリー

おぎなう【補う】 　（動）タレーユン・タレーイン

おきなわ【沖縄】 　（名）ウチナー　＊地名。【沖縄本島北部】ヤンバル

おきゅう【お灸】 　（名）ヤーチュー

おきる【起きる】 　（動）ウキユン・ウキーン

おく【奥】 　（名）ウク

おく【置く】 　（動）ウチュン

おくびょうである【臆病である】 　（形）シカサン

おくびょうなさま【臆病なさま】 　（副）シカンカー　＊びくびく

おくびょうもの【臆病者】 　（名）シカー・シカーグァー

おくりもの【贈り物】 　（名）ウクイムン

おくれる【遅れる】 　（動）ウクリユン・ウクリーン

おけ【桶】 　（名）'ウーキ。ハンジリ（底の浅い桶）

おこげ【お焦げ】 　（名）ナンチチ

おこす【起こす】 　（動）ウクスン。【起こさない】ウクサン。【起こしている】
　　　　　　　　　　ウクチョーン。【起こした】ウクチャン

おこたる【怠る】 　（動）ウクタユン・ウクタイン →怠ける

おこない【行い】 　（名）ウクネー

おこなう【行う】 　（動）ウクナユン・ウクナイン。【行わない】ウクナラン。【行っ
　　　　　　　　　　ている】ウクナトーン。【行った】ウクナタン

おこる【怒る】 　（動）ワジュン・ワジーン

おこわ 　（名）カシチー　＊赤飯など

おさえる【押さえる】 　（動）ウスユン・ウスイン

おさない【幼い】 　（形）クーサン

おしあいへしあい【押し合いへし合い】　　（名）ウーシェークルシェー。クンクルバーシェー

おしい【惜しい】　（形）イチャサン →もったいない

おじいさん【お爺さん】　　（名）ウスメー〈平民〉。タンメー〈士族〉

おしえる【教える】　　（動）ナラースン。【教えてください】ナラーチクィミソーレー ＊敬語

おしかける【押しかける】　　（動）ウシカキユン・ウシカキーン

おじぎ【お辞儀】　　（名）グリー

おじける【怖じける】　　（動）シカムン →びっくりする

おじさん【伯父さん・叔父さん】　　（名）'ウジャサー〈父母の兄〉。'ウンチュー〈父母の弟〉

おしっこ　　（名）シーバイ →小便。【寝小便】ユーシーバイ

おしのける【押しのける】　　（動）ウシドゥキユン・ウシルキユン・ウシドゥキーン・ウシルキーン

おしめ　　（名）カコー

おしゃべり　　（名）ユンタク。【おしゃべりな人】ユンター・ユンタカー・ユンタクー

おしやる【押しやる】　　（動）ウシヤラスン。シーキユン・シーキーン

おしょう【和尚】　　（名）ザーシ・ジャーシ →住職

おしらせ【お知らせ】　　（名）ウシラシ

おしり【お尻】　　（名）チビ ＊こっそり様子を探ることを「チビサグイ」と言う

おす【雄】　　（名）'ウームン。'ウームナー

おす【押す】　　（動）ウスン

おせじがうまいこと【お世辞がうまいこと】　　（名）アンダグチ・アンラグチ

おぜん【お膳】　　（名）ウジン

おそい【遅い】　　（形）ニーサン

おそなえする【お供えする】　　（動）ウサギーン

おそなえもの【お供え物】　　（名）ウサギムン

おそれる【恐れる】　　（動）ウジュン・ウジーン。ウスリユン・ウスリーン
→怖がる

おそろしい【恐ろしい】　　（形）ウトゥルサン

おたふくかぜ【おたふく風邪】　　（名）トーシンバイ

おたま　　（名）ナビゲー ＊汁杓子

おたまじゃくし【オタマジャクシ】　　（名）アミナー ＊カエルの子ども

おちつく【落ち着く】　　（動）ウティチチュン

おちぶれる【落ちぶれる】　　（動）ヤチリユン・ヤチリーン。サボーリユン・
サボーリーン

おちゃ【お茶】　　（名）ウチャ

おちる【落ちる】　　（動）ウティユン・ウティーン

おつぎする　　（動）ウカギユン・ウカギーン

おっと　　（感）アイ ＊意外なことに出合った時に発する

おっと【夫】　　（名）'ウトゥ

おつゆ【お汁】　　（名）ウシル

おでき　　（名）ニーブター

おでこ　　（名）ガッパイ ＊突き出たおでこ

おてだま【お手玉】　　（名）オーシートー・オーシェートゥー ＊遊び

おと【音】　　（名）ウトゥ

おとうさん【お父さん】　　（名）スー〈平民〉。ターリー〈士族〉

おとうと【弟】　　（名）ウットゥ。イキガウットゥ →年下、妹

おとこ【男】　　（名）ウィキガ

おとこのこ【男の子】　　（名）ウィキガングァ

おとしより【お年寄り】　　（名）ウトゥスイ

おとす【落とす】　　（動）ウトゥスン。【落とさない】ウトゥサン。【落としている】
ウトゥチョーン。【落とした】ウトゥチャン

おととい【一昨日】　　（名）'ウッティー

おととし【一昨年】　　（名）ンーチュ・ンチュ

31

おとな【大人】　（名）ウフッチュ・ウトゥナ。【大人ぶっている】クサブックィ
ユン・クサブックィーン →ませている

おとなしい【大人しい】　（形）ウェンダサン・ウェンラサン。ウトゥナサン。
ウフヤッサン →優しい

おとなしいひと【大人しい人】　（名）ウェンダーグァー・ウェンラーグァー。
ウェダシムン

おどり【踊り】　（名）'ウドゥイ・'ウルイ。モーイ

おとる【劣る】　（動）ウトゥユン・ウトゥイン

おどる【踊る】　（動）'ウドゥユン・'ウルユン・'ウドゥイン・'ウルイン。モー
ユン・モーイン

おとろえる【衰える】　（動）ウトゥリユン・ウトゥリーン。ウトゥルユン・ウトゥ
ルイン

おどろき【驚き】　（名）ウドゥルチ・ウルルチ

おどろく【驚く】　（動）ウドゥルチュン・ウルルチュン。シカムン。【驚いた】
マブイウトゥチャン。ウドゥルチャン

おなか【お腹】　（名）ワタ。【お腹の大きい人】ワタマギー・ワタブター。【お
腹いっぱい】チュファーラ。ワタタミー

おなじ【同じ】　（形）イヌ・ユヌ

おなら　（名）ヒー・フィー。【おならをする】フィユン・ヒユン・フィーン・ヒーン

おに【鬼】　（名）ウニ

おにぎり　（名）メーニジリ・ニジリメー・ウブンニジリー

おにごっこ【鬼ごっこ】　（名）カチミンソーリー

おねがい【お願い】　（名）ウニゲー。ニゲームチ。【お願いします】ウニゲー
サビラ

おねしょ　（名）ユーシバイ →寝小便

おばあさん【お婆さん】　（名）ハンシー・パーパー。ハーメー〈平民〉。ンメー
〈士族〉

おばさん【伯母さん・叔母さん】　（名）ウバマー。ウフンマー〈父母の姉〉。バー

チー〈父母の妹〉

おはし【お箸】　（名）ンメーシ・ウメーシ

おはなし【お話】　（名）ウハナシ・ウファナシ ＊話（ハナシ）

おび【帯】　（名）ウービ

おびえる【怯える】　（動）ンビーユン・ンビーン

おびきだす【誘き出す】　（動）ワクユン・ワクイン

おへそ【お臍】　（名）フス ＊でべそ（テンブス）

おべっか　（名）メーシ

おべっかもの【おべっか者】　（名）メーサー

おぼえ【覚え】　（名）ウビ →記憶

おぼえる【覚える】　（動）ウビーン・ウビユン

おぼれる【溺れる】　（動）ンブックィユン・ンブックィーン・ンブキーン

おぼん【お盆】　（名）シチグァチ。ウソーロー →7月

おまえ【お前】　（代）ʔヤー。【お前たち】イッター

おまけ　（名）シーブン

おまけする　（動）イリシーユン・イリシーン。シーユン・シーン

おまもり【お守り】　（名）ムンヌキムン

おみやげ【お土産】　（名）チトゥ。ミチトゥ

おむかえ【お迎え】　（名）ウンケー

おめざ　（名）ミークファヤー ＊目が覚めた時に与えるお菓子

おめにかける【お目にかける】　（動）ウミカキユン・ウミカキーン ＊「見せる」
の敬語 →ご覧に入れる

おもい【重い】　（形）ンブサン

おもい【思い】　（名）ウムイ

おもいあがり【思いあがり】　（名）ナヤガユン

おもいあたる【思い当たる】　（動）ウムイアタユン・ウムイアタイン

おもいがけず【思いがけず】　（副）ウビラジ。ウマージフラージ

おもいだす【思い出す】　（動）ウビジャスン・ウビンジャスン

おもいどおり【思い通り】　（名）ウミードゥーイ・ウミールーイ。チムドゥーイ・チムルーイ。ジュー

おもいなやむこと【思い悩むこと】　（名）ウミーヤミー。ウミーフィッチー

おもいやり【思いやり】　（名）シナサキ

おもう【思う】　（動）ウムユン・ウムイン →考える。【思わない】ウムラン。【思っている】ウムトーン。【思った】ウムタン

おもおもしい【重々しい】　（形）ンブラーサン →堂々としている

おもし【重し】　（名）ンブシ →重り

おもしろい【面白い】　（形）ウムサン。ウィーリキサン。【面白かったね】ウムサタンヤー。ウィーリキサタンヤー

おもしろいひと【面白い人】　（名）　イーリキー・ウィーリキーッチュ

おもちゃ【玩具】　（名）'イーリムン。　*おもちゃのお面（ハーチブラー）

おもて【表】　（名）ウムティ

おもてなし　（名）ウトゥイムチ

おもろ　（名）ウムル　*沖縄に古くから伝わる古琉球の神祭りの歌謡

おや【親】　（名）ウヤ・ナシウヤ

おやかた【親方】　（名）ウェーカタ　*琉球国時代の身分

おやこ【親子】　（名）ウヤックァ

おやすみなさい　〔挨拶〕ウェーシンショーリ。ユクイビラ

おやぶん【親分】　（名）テーソー

おやゆび【親指】　（名）ウフイービ

おゆ【お湯】　（名）ユー

およぐ【泳ぐ】　（動）ウィージュン

およぶ【及ぶ】　（動）ウユブン →到達する

おりる【降りる】　（動）ウリユン・ウリーン

おる【折る】　（動）'ウーユン・'ウーイン

おろす【降ろす】　（動）ウルスン

おわる【終わる】　（動）ウワユン・ウワイン。ウチナスン

おん【恩】 （名）ウン

おんがえし【恩返し】 （名）ウンゲーシ

おんがく【音楽】 （名）オンガク・ウタサンシン

おんしん【音信】 （名）サタ。ウトゥサタ

おんち【音痴】 （名）フィジャイヌーディー・フィジャイヌーリー・ヒジャイヌー
ディー・ヒジャイヌーリー

おんな【女】 （名）イナグ

おんなのこ【女の子】 （名）'イナグングァ。'イナグワラビ →少女

おんぶ【負んぶ】 （名）ウファ・'ウファ

か

か【蚊】　（名）〔昆〕ガジャン

が　（助）シガ →けれども

かい【櫂】　（名）'エーク・ウェーク ＊船を漕ぐための道具

かい【回】　（接尾）ケーン ＊一回（チュケーン）。二回（タケーン）

かいがん【海岸】　（名）ウミバタ。ウミバンタ →海辺

かいこ【蚕】　（名）〔昆〕イトゥムシ。カイグ

かいごう【会合】　（名）スリー →集まり

かいもの【買い物】　（名）コーイムン。【買い物上手である】コーイウジラー
シャン・コーイウジラーサン。コーイムンジョージ

かう【買う】　（動）コーユン・コーイン。【買ってきてくれ】コーティッチトゥ
ラシェー

かう【飼う】　（動）カラユン・カライン。チカナユン・チカナイン →飼育する

かえる【蛙】　（名）アタビチ・アタビチャー

かえる【帰る】　（動）ケーユン・ケーイン。【帰りましょうね】ケーラナヤー。
ケーイビラナ

かお【顔】　（名）チラ

かおだち【顔立ち】　（名）カーギ。チラカーギ。ミーマユ →容貌

かおり【香り】　（名）カバ・カバサ ＊良いにおい

がか【画家】　（名）'イーカチ・'イーカチャー →絵描き

かかし【案山子】　（名）ナーシルマブイ

ががつよい【我が強い】　（形）ガージューサン →強情である

かかと【踵】　（名）アドゥ・アル

かがみ【鏡】　（名）カガン

かかる【掛かる】　（動）カカユン・カカイン

かかわる【関わる】　（動）カカワユン・カカワイン

36

かぎ【鍵】　（名）サーシヌックァ　*錠前（じょうまえ）（サーシ）

かきかた【書き方】　（名）カチヨー。カチカタ

かきこむ【かき込む】　（動）カチクムン。ホーチンチュン〈食べ物（たもの）などを〉

かきとめる【書き留める】　（動）カチトゥミユン・カチトゥミーン。トゥミユン・
　　　　　　　　　　　　　　　　　　　　　　　　　トゥミーン

かきね【垣根】　（名）カチ　*石垣（イシガチ）。竹垣（たけがき）（ダキガチ）

かきまぜる【かき混ぜる】　（動）カチャースン

かぎやでふう【かぎやで風】　（名）　　カジャディフー　*琉球芸能（りゅうきゅうげいのう）の歌曲名（かきょくめい）

かく【書く】　（動）カチュン。【書かない】カカン。【書いている】カチョーン。
　　　　　　　　　　　　【書いた】カチャン

かくじ【各自】　（名）ナーメーメー

かくす【隠す】　（動）クァックァスン・カクスン

がくせい【学生】　（名）ガクショー・ガクシー。シートゥ

がくもん【学問】　（名）ガクムン。シミ

かくれる【隠れる】　（動）クァックィユン・クァックィーン

かげ【影・陰】　（名）カーギ。カーガー

かけあし【駆け足】　（名）ハーエー

かげぐち【陰口】　（名）ヌレーグトゥ。【陰口を言（い）う】ナサガシュン・ナサ
　　　　　　　　　　　　　　　ガスン

かけっこ【駆けっこ】　（名）ハーエースーブ

かけもち【掛け持ち】　（名）カキムチ

かける【欠ける・掛ける】　（動）カキユン・カキーン

かげん【加減】　（名）アンベー。カギン

かご【籠】　（名）バーキ（竹製（たけせい）の大（おお）きなかご）。アラバーキー（目（め）の粗（あら）い大（おお）きな
　　　　　　　かご）。ソーキ（竹製（たけせい）の目（め）の細（こま）かい底（そこ）の浅（あさ）いかご）。サギジョー
　　　　　　　キ（竹製（たけせい）の蓋付（ふたつ）きの平（ひら）たいかごで食（た）べ物（もの）を入（い）れて下（さ）げる）

かこう【囲う】　（動）カクユン・カクイン

かこむ【囲む】　（動）カクムン

かさ【傘・笠】　（名）カサ

かざぐるま【風車】　（名）カジマヤー　＊数え97歳のお祝い（カジマヤウイ
エー）

かさねる【重ねる】　（動）カサビユン・カサビーン

かさばる【嵩張る】　（動）カサバユン・カサバイン →重なる

かさぶた【瘡蓋】　（名）カサブタ・カサンタ。カサグァー

かざる【飾る】　（動）カジャユン・カジャイン

かし【樫】　（名）〔植〕カシー

かじ【火事】　（名）クァジ。ヒー

かしこい【賢い】　（形）ソーラーサン

かしこいもの【賢い者】　（名）ソーイラー。ソーイリムン

かじや【鍛冶屋】　（名）カンジャー。カンゼーク・カンジェーク・カンゼー
クー・カンジェークー

かしゅ【歌手】　（名）ウタサー

がじゅまる【ガジュマル】　（名）〔植〕ガジマル

かず【数】　（名）カジ

かぜ【風邪】　（名）ハナヒチ・ハナシチ。ミーヒチハナヒチ・ミーシチハナ
シチ

かぜ【風】　（名）カジ。【風に当たって涼む】スガリユン・スガリーン

かせい【加勢】　（名）カシー。ティガネー。ティダシキ

かぜよけ【風除け】　（名）カジガタカ

かぞえる【数える】　（動）カジューユン・カジューイン。ユムン。サンミンスン

かぞく【家族】　（名）ヤーニンジュ。チネー。ヤーチネー

かた【型】　（名）イカタ

かた【肩】　（名）カタ。カタバイ

かたい【固い・堅い】　（形）カタサン。クファサン

かたおもい【片思い】　（名）カタウムイ

かたくなる【固くなる】　（動）クファユン・クファイン →凍える、仲が悪くなる

かたぐるま【肩車】 （名）ブートゥルカーン。マータガーター

かたすみ【片隅】 （名）カタシミ

かたち【形】 （名）カタチ

かたつむり【蝸牛】 （名）チンナン

かたほう【片方】 （名）カタグー。チュカタ

かたまり【塊】 （名）カタマイ。ムルシ

かたみ【形見】 （名）カタミ

かたむき【傾き】 （名）カタンチ

かたむく【傾く】 （動）カタンチュン。フィッカタンチュン・ヒッカタンチュン

かたむける【傾ける】 （動）カタンキユン・カタンキーン

かたる【語る】 （動）カタユン・カタイン

かちく【家畜】 （名）チカネームン

かつ【勝つ】 （動）カチュン

かつお【鰹】 （名）〔魚〕カチュー

かつおぶし【鰹節】 （名）カチューブシ

かつぐ【担ぐ】 （動）カタミユン・カタミーン

がっこう【学校】 （名）ガッコー

かっぱ【河童】 （名）カムロー。カーガリモー

かてい【家庭】 （名）チネー

かなしい【悲しい】 （形）ナチカサン

かなづち【金づち】 （名）カナジチャー。カニジチャー

かなもの【金物】 （名）カナムン ＊金属製品。【金物屋】カナムンヤー。【金物細工】カンゼーク・カンジェーク・カンゼークー・カンジェークー →鋳かけ屋

かならず【必ず】 （副）カンナジ・カナラジ・カジティ。ジフィ

かね【鐘】 （名）カニ

かね【鉦】 （名）ショーグ・ソーグ ＊鉦鼓

かね【金】 （名）ジン →お金。【金遣い】ジンジケー

かねじゃく【かね尺】　（名）バンジョーガニ

かねもち【金持ち】　（名）ウェーキンチュ。ジンムチ

かねる【兼ねる】　（動）カニユン・カニーン

かのうする【化膿する】　（動）ンベーユン・ンベーイン

かぶ【蕪】　（名）ンーディー・ンーリー ＊野菜

かぶせる【被せる】　（動）ウサースン。ウスユン・ウスイン。カンシユン・
カンシーン →覆う

かぶる【被る】　（動）カンジュン

かべ【壁】　（名）クビ ＊家の壁（ヤーヌクビ）

かぼちゃ【南瓜】　（名）チンクァー。ナンクァー

かま【鎌】　（名）イラナ

かまう【構う】　（動）カムユン・カムイン ＊世話をする

かまえ【構え】　（名）カメー

かまきり【蟷螂】　（名）〔昆〕イサトゥー

かます【カマス】　（名）〔魚〕カマサー

かまぼこ【蒲鉾】　（名）カマブク

がまんする【我慢する】　（動）クネーユン・クネーイン。シヌブン。ニジユン・
ニジーン →堪える

かみ【紙】　（名）カビ

かみ【神】　（名）カミ ＊神様（ウカミガナシー）

かみ【髪】　（名）カラジ。キー。カシラ。【髪を結うこと】カンプー ＊琉球国
時代の男の髪型

かみきりむし【カミキリムシ】　（名）〔昆〕カラジクェー

かみきれ【紙切れ】　（名）カビジリ

かみそり【剃刀】　（名）カンスイ

かみなり【雷】　（名）カンナイ ＊稲光（フディー）

かむ【擤む】　（動）シピユン・シビーン〈鼻を〉

かむ【噛む】　（動）カナースン〈食べ物を〉

40

かめ【甕】　（名）カーミ＊酒や味噌を入れる甕

かめ【亀】　（名）カーミー

かめこうばか【亀甲墓】　（名）カーミナクーファカ・カーミナクーバカ

かも【鴨】　（名）〔鳥〕ガートゥイ

かや【蚊帳】　（名）カチャ

がやがや　（副）ワサワサ

かゆい【痒い】　（形）ウィーゴーサン

から【殻】　（名）グル。ガラ＊ぬけ殻（シリグル・シリガラ）

がら【柄】　（名）イー

からかう　（動）ワチャクユン・ワチャクイン。ワクユン・ワクイン →悪戯する

からかうこと　（名）ビッセー。ワチャク

からす【烏】　（名）〔鳥〕ガラサー・ガラシ

からだ【体】　（名）ドゥー・ルー →自分。【体が重い】ドゥーンブサン・ルーンブサン。【体が弱い】ドゥーヤファラサン・ルーヤファラサン。カラヨーサン。【体ががたがた震える】チムフトゥフトゥーシュン・チムフトゥフトゥースン〈怒りや寒さなどで〉

からだのよわいひと【体の弱い人】　（名）ビーラー・ビールー。ドゥーヨーバー →病弱な人

からて【空手】　（名）ティー →手

からまる【絡まる】　（動）マチブイン

からみつく【絡みつく】　（動）カラマチュン

かりる【借りる】　（動）カユン・カイン

かる【刈る】　（動）カユン・カイン

かるい【軽い】　（形）ガッサン〈重さが〉〈病気などが〉

かるがると【軽々と】　（副）カルガルートゥ

かるく【軽く】　（副）ヨーングァー。ヨーイヨーイ

かれい【鰈】　（名）〔魚〕カーサヌファーイユ →平目

かれる【枯れる】　（動）カリユン・カリーン

41

かわ【皮】 （名）カー

かわ【川】 （名）カーラ

かわいい【可愛い】 （形）ウジラーサン。スーラーサン。'ンゾーサン。【可愛いね】ウジラーサンヤー。ウジラーサッサー

かわいそうである （形）チムイチャサン。チムグリサン→心が痛む

かわいらしい【可愛らしい】 （形）エーラーサン。カナサン。'ンゾーサン

かわえび【川海老】 （名）〔魚〕タナゲー・タナガー

かわかす【乾かす】 （動）カーカスン

かわく【渇く】 （動）カーキユン・カーキーン〈喉が〉

かわく【乾く】 （動）カーラチュン

かわせみ【カワセミ】 （名）〔鳥〕カーラカンジュヤー。カーラマッタラー。カンジュヤー

かわら【瓦】 （名）カーラ。【瓦ぶきの家】カーラヤー

かわる【変わる・代わる】 （動）カワユン・カワイン

かわるがわる【代わる代わる】 （副）チュイチガルー。チュイナーカールー。ケールゲール

かんがえ【考え】 （名）カンゲー。【考え方】カンゲーヨー。カンゲーカタ。【考えもの】アカシムン

かんがえる【考える】 （動）カンゲーユン・カンゲーイン。ウムユン・ウムイン →思う。【考えない】カンゲーラン。【考えている】カンゲートーン。【考えた】カンゲータン

かんかん （擬態）クァラクァラ →ぎらぎら *太陽が照りつけるさま

がんこ【頑固】 （名）グァンク。クファチブル *頑固者（グァンクー）

かんざし【簪】 （名）ジーファー

かんじ【漢字】 （名）カンジ

かんしゃ【感謝】 （名）ニフェー *ありがとうございます（ニフェーデービル）

かんせい【完成】 （名）スビ

42

がんそ【元祖】　（名）グァンス

かんちがい【勘違い】　（名）カンチゲー

かんづめ【缶詰】　（名）クァンジミ

がんばる【頑張る】　（動）ハマユン・ハマイン。チバユン・チバイン。【頑張って】ハマティ。チバティ

かんびょう【看病】　（名）トゥンジャク。ミーカンボー。シンジチ

がんぼう【願望】　（名）ヌジュミ。ニゲー

かんようである【寛容である】　（形）チムビルサン。ワーヌアン →心が広い

き

き【木】　（名）キー

き【気】　（名）チー。【気が小さい】チムグーサン →内気である。【気が長い】チムナガサン。チーニーサン。【気が早い】チーベーサン →せっかちである。【気が弱い】チムヨーサン・チーヨーサン。【気を付ける】チーチキユン・チーチキン

きあいをいれる【気合を入れる】　（動）ヒヤミカスン

きいろ【黄色】　（名）チール・チールー

きえる【消える】　（動）チャーユン・チャーイン

きおく【記憶】　（名）ウビ。ムヌウビ →覚え

きおち【気落ち】　（名）チルダイ・チルライ

きかい【機会】　（名）ヒョーシ。ウジュミ・ウンジュミ

きがえ【着替え】　（名）ケーイジン

きがえる【着替える】　（動）チーケーユン・チーケーイン

きがかり【気がかり】　（名）チガカイ。チムガカイ

きがくるう【気が狂う】　（動）フリユン・フリーン →惚れる

きかざる【着飾る】　（動）スガユン・スガイン

ききおぼえ【聞き覚え】　（名）チチウビ

ききかえす【聞き返す】　（動）チチケースン

ききじょうず【聞き上手】　（名）チチジョージ ＊話上手（ハナシジョージ）

ききほれる【聞き惚れる】　（動）チチフリユン・チチフリーン

きく【菊】　（名）〔植〕チク

きく【聞く】　（動）チチュン。【お聞きになる】ウンヌカユン・ウンヌカイン
＊「聞く」の敬語

きくらげ【木耳】　（名）ミミグイ ＊食用きのこ

きげんがなおる【機嫌がなおる】　（動）チムノーユン・チムノーイン

きけんだ【危険だ】　（形）ウカーサン →危ない

きこり【木こり】　（名）ヤマク

きざむ【刻む】　（動）チジャムン・チザヌン

きし【岸】　（名）チシ ＊海岸（ウミバンタ）。川岸（カーラバンタ）

きしゃ【汽車】　（名）キシャ。アギフィーグルマ・アギヒーグルマ

きずあと【傷跡】　（名）カンパチ ＊頭の傷などが治った後のつるつるした部分

きせつ【季節】　（名）シチ

きぜつ【気絶】　（名）ブチクン。ブチゲー

きた【北】　（名）ニシ

きたない【汚い】　（形）シタナサン。チタナサン。ハゴーサン

きちんと　（副）シカットゥ。チャントゥ

きっかけ【切っ掛け】　（名）ウジュミ・ウンジュミ。ヒョーシ →はずみ

ぎっしり　（副）ジサットゥ

きなこ【黄粉】　（名）マーミナクー

きのう【昨日】　（名）チヌー

きのこ【茸】　（名）チヌク。ナーバ

きのせい【気のせい】　（名）チムヌウミー

きびなご【キビナゴ】　（名）〔魚〕スルルーグァー

きぶん【気分】　（名）ククチ →心地。【気分が悪い】アンマサン

44

きみ【君】　（名）ʔヤー

きむずかしい【気難しい】　（形）ヒレーグリサン。カマラサン。ムチカサン

きむずかしいひと【気難しい人】　（名）フィレーグリー・ヒレーグリー。カ
　　　　　　　　　　　　　　　　　　　　　マラサー。ジーグファー

きめる【決める】　（動）サダミユン・サラミユン・サダミーン・サラミーン

きもの【着物】　（名）チン→服

きもをひやす【肝を冷やす】　（形）ʼンニフィジュルサン・ʼンニヒジュルサン

きゃく【客】　（名）チャク

きゃべつ【キャベツ】　（名）タマナー　＊野菜

きゅう【9】　（名）クー。ククヌチ

きゅうくつである【窮屈である】　（形）イチジラサン。イバサン

きゅうす【急須】　（名）チューカー

きゅうに【急に】　（副）アッタニ。ウビラジ。チューチャン　＊不意に。突然

ぎゅうにゅう【牛乳】　（名）ウシヌチー

きゅうり【胡瓜】　（名）キーウイ。ウィグァー　＊野菜

きゅうれき【旧暦】　（名）ウチナーグユミ

きょう【今日】　（名）チュー

きょうぎ【協議】　（名）チューゴー。ジンミ

きょうくん【教訓】　（名）ユシグトゥ。ムンナラーシグトゥ→忠告

きょうじゃく【強弱】　（名）チューサヨーサ・チューミヨーミ

きょうだい【兄弟】　（名）チョーデー・チョーレー→姉妹。【兄弟の仲が悪い】
　　　　　　　　　　　　　　　チョーデーグファサン・チョーレーグファサン

きようなこと【器用なこと】　（名）ティグマ

きょうりょくしあうこと【協力し合うこと】　（名）ʼイーマール

ぎょせん【漁船】　（名）サバニ　＊沖縄の小型漁船

きょねん【去年】　（名）クジュ・クズ

きょろきょろ　（副）アマミークマミー。ミーグルグル。ミーグルマーイ　＊あち
　　　　　　　　こち見回すさま

きらい【嫌い】 （動）シカン ＊好く（シチュン）の否定形

きらきら （擬態）フィチャラフィチャラ・ヒチャラヒチャラ。チラチラ ＊光を受けて輝くさま

ぎらぎら （擬態）クァラクァラ →かんかん ＊太陽が照りつけるさま

きらす【切らす】 （動）チラスン〈品物などを〉

きりはなす【切り離す】 （動）チリハナスン

きる【切る】 （動）チユン・チーン

きる【着る】 （動）チユン・チーン。【着ない】チラン。【着ている】チチョーン。【着た】チチャン

きれい【綺麗】 （形）チュラサン →美しい、清らか

きれいな【綺麗な】 （接頭）チュラ。【きれいな着物】チュラジン。【きれいな花】チュラバナ

きれる【切れる】 （動）フィッチリユン・ヒッチリユン・フィッチリーン・ヒッチリーン

きん【金】 （名）クガニ。チン

きんし【禁止】 （名）チンジ〈口語〉。チジ〈文語〉

きんしする【禁止する】 （動）サシトゥミユン・サシトゥミーン。チジユン

きんぞく【金属】 （名）カニ

きんちゃく【巾着】 （名）ジンブクル。ジンイリー

きんば【金歯】 （名）チンバー

ぎんみ【吟味】 （名）ジンミ

ぐあい【具合】 （名）アンベー →調子

グアバ （名）バンシルー ＊果物

くいしんぼう【食いしん坊】 （名）ガチ・ガチマヤー。ガチマイ

くいな【水鶏】　　(名)〔鳥〕クミル・クミラー

くう【食う】　　(動)カムン。クァユン・クァイン

くうしんさい【空心菜】　　(名)ウンチェー　*野菜

くうふく【空腹】　　(名)ヤーサワタ。'ンナワタ。【空腹しのぎ】ヤーサノーシ
　　　　　　　　　　　　　　　　　*空腹しのぎに少し食べること。【空腹である】ヤーサン

くがつ【九月】　　(名)クングァチ

くき【茎】　　(名)グチ

くぎ【釘】　　(名)クジ

くぎぬき【釘抜き】　　(名)クジヌジャー

くくる【括る】　　(動)クンジュン。ユーユン・ユーイン

くさ【草】　　(名)クサ

くさかり【草刈り】　　(名)クサカイ

くさき【草木】　　(名)キークサ

くさくさ　　(副)クサクサー　*気持ちがすっきりしないさま

くさる【腐る】　　(動)クサリユン・クサリーン

くしゃみをする　　(動)フィユン・ヒユン・フィーン・ヒーン

くじら【鯨】　　(名)〔動〕グジラ

くすぐる　　(動)クチュグユン・クチュグイン

くずす【崩す】　　(動)クースン。クジスン

くすり【薬】　　(名)クスイ

くすりゆび【薬指】　　(名)ナーナシイービ。ナランイービ。アーシイービ

くずれる【崩れる】　　(動)クーリユン・クーリーン。クジリユン・クジリーン

くだく【砕く】　　(動)クダチュン・クラチュン

くだける【砕ける】　　(動)クダキユン・クラキユン・クダキーン・クラキーン

くださる【下さる】　　(動)ウタビミシェーン　→賜る　*「くれる」の敬語

くたびれ　　(名)クタンディ・クタンリ

くだる【下る】　　(動)クダユン・クラユン・クダイン・クライン

くち【口】　　(名)クチ。【口直し】クチノーシ。【口が軽い】クチガッサン。【口

47

に含む】ククムン ＊口にくわえる

くちびる【唇】 　（名）クチシバ ＊舌（シバ）

ぐつぐつ 　（擬音）クァタクァタ・グァタグァタ ＊ものの煮えたつさま

ぐったりする 　（動）チーシッタユン・チーシッタイン。ムインチュン

くっつく 　（動）タックァユン・タックァイン。【べたべたくっつき合うさま】
タックァイムックァイ。タッチカイムッチカイ

くっつける 　（動）タックァースン

くに【国】 　（名）クニ

くねくね 　（副）マガヤーフィグヤー・マガヤーヒグヤー。ヨーガーフィーガー・
ヨーガーヒーガー・ヨーゲーフィーガー・ヨーゲーヒーガー
＊曲がりくねっているさま

くばる【配る】 　（動）クバユン・クバイン。ハジュン

くび【首】 　（名）クビ。【首すじ】クビガー

くびねっこ【首根っこ】 　（名）カジガー

くふう【工夫】 　（名）クフー

くべつする【区別する】 　（動）ワカスン。ワキユン・ワキーン。ミーワカスン。
ミーワキユン・ミーワキーン。イルワキスン

くぼみ【窪み】 　（名）クブン。ゴーリ

くまぜみ【クマゼミ】 　（名）〔昆〕サンサナー。アササー

くみ【組】 　（名）クミ ＊組になったものをグーと言う。【組合を作ること】ウチグミー
＊気の合った者同士でグループを作ること

くみおどり【組踊】 　（名）クミウドゥイ・クミウルイ ＊琉球芸能

くみたてる【組み立てる】 　（動）クミタティユン・クミタティーン

くむ【組む】 　（動）クムン

くむ【汲む】 　（動）クムン

くも【蜘蛛】 　（名）クーバー。クブ

くも【雲】 　（名）クム

くもる【曇る】 　（動）クムユン・クムイン

くよう【供養】　（名）クヨー

くらい【暗い】　（形）クラサン ＊真っ暗（マックラシン）

くらい【位】　（名）アタイ。グレー ＊程度を表す。【これくらい】クヌアタイ

くらし【暮らし】　（名）クラシ。【暮らしやすい】クラシヤッサン。【暮らしにくい】クラシグリサン

くらべる【比べる】　（動）クラビユン・クラビーン。クナビユン・クナビーン

くらやみ【暗闇】　（名）クラシン ＊暗闇の中（クラシンミー）

くりかえす【繰り返す】　（動）クイケースン

くる【来る】　（動）チューン。【来ない】クーン。【来ている】チョーン。【来た】チャン

くるしい【苦しい】　（形）クチサン。クリサン →辛い

くるしむ【苦しむ】　（動）クルシムン

くるま【車】　（名）クルマ

くれる【暮れる】　（動）ユックィユン・ユックィーン〈日が〉

くれる　（動）クィユン・クィーン。【ください】クィミソーレー。ウタビミソーリ ＊「くれる」の敬語

くろい【黒い】　（形）クルサン

クロイワツクツク　（名）〔昆〕ジーワー ＊蝉

くろう【苦労】　（名）ナンジ。アワリ。クロー

くろさんご【黒珊瑚】　（名）ウミマーチ

くわ【鍬】　（名）クェー

くわずいも【クワズイモ】　（名）ンバシ

くわのき【桑の木】　（名）〔植〕クァーギ

✥ ✦ け ✦ ✥

け【毛】 （名）キー

けいご【敬語】 （名）ウヤメークトゥバ・ウヤマイクトゥバ

けいこごと【稽古事】 （名）チーク

けいさん【計算】 （名）サンミン。サントゥイ

げいのう【芸能】 （名）ジーヌー

けいば【競馬】 （名）ンマスーブ。ンマハラシェー

けがする【怪我する】 （動）ヤマスン →痛(いた)める

げし【夏至】 （名）カーチー。【夏至の頃(ころ)に吹(ふ)く南風(みなみかぜ)】カーチーベー

けしき【景色】 （名）チシチ。チーチ

けす【消す】 （動）チャースン ＊消(き)える（チャーリユン）

げた【下駄】 （名）アシジャ

けっこん【結婚】 （名）ニービチ

けっしんする【決心する】 （動）ウミチワミユン・ウミチワミーン

けっせきする【欠席する】 （動）カギユン・カギーン

げっとう【月桃】 （名）〔植〕サンニン ＊サンニンカーサとも言(い)う

げつまつ【月末】 （名）チチシー

けびょう【仮病】 （名）チュクイヤンメー。ユクシヤンメー

けぶかいひと【毛深い人】 （名）キーマー

けむい【煙い】 （形）キブサン

けむし【毛虫】 （名）〔昆〕キームシ

けむり【煙】 （名）キブシ

けむる【煙る】 （動）キブユン・キブイン

げり【下痢】 （名）クスフィリー・クスヒリー。クダシ

ける【蹴る】 （動）キユン・キーン

げん【弦】 （名）チル。【調弦(ちょうげん)】チンダミ

50

けんか【喧嘩】　（名）オーエー。【喧嘩が強いもの】オーヤー。チューバー

けんかする【喧嘩する】　（動）オーユン・オーイン。オーエースン

げんき【元気】　（名）ガンジュー。クンチ。イジ。【元気がなくなる】チーシッタユン・チーシッタイン

げんまい【玄米】　（名）ヌーメー

けんやくか【倹約家】　（名）クメーキヤー。スーテーサー →細かい性格の人

ご【5】　（名）イチチ。グー →五つ

ご【碁】　（名）グー

ごあんない【ご案内】　（名）ウンチケー →案内。【ご案内しましょう】ウンチケーサビラ

こい【濃い】　（形）カタサン。クーサン

こい【恋】　（名）クイ ＊恋焦がれる（クイクガリユン）

こい【鯉】　（名）〔魚〕クーイユ

こいつ【此奴】　（代）クニヒャー。クヌヒャー

こいびと【恋人】　（名）ウムヤー。ウムヤーグァー（思う相手）＊恋人を親しげに呼ぶ言葉

こううん【幸運】　（名）クァフー・カフー（果報）

こうかい【後悔】　（名）クークェー。クイフィチ〈深刻な後悔〉

こうかなもの【高価な物】　（名）デーダカー・レーラカー →値段が高い物

こうかん【交替】　（名）ケール。チガールー

こうこう【孝行】　（名）コーコー

こうごうしい【神々しい】　（形）シジダカサン・シジラカサン

こうさしたところ【交差したところ】　（名）アジマー ＊十字路（ミチヌアジマー）

こうざん【鉱山】　（名）カニガー ＊沖縄では特に銅山を言う

51

こうずい【洪水】　（名）ウーミジ →大水

こうたいする【交代する】　（動）チガーユン・チガーイン。イリチガーユン・
イリチガーイン

こうてつ【鋼鉄】　（名）ハガニ

こうびする【交尾する】　（動）チルムン

こうほう【後方】　（名）クサー。クシ。シリー

こうもり【蝙蝠】　（名）〔動〕カーブヤー

こうもん【肛門】　（名）チビヌミー

こうろ【香炉】　（名）ウコール ＊仏壇で線香をあげる器

こえ【声】　（名）クィー

こえる【超える】　（動）クィユン・クィーン

こえる【肥える】　（動）クェーユン・クェーイン →太る

こえをだす【声を出す】　（動）アビユン・アビーン

コオロギ　（名）〔昆〕カマゼー・カマジェー

ごかいする【誤解する】　（動）トゥイチガユン・トゥイチガイン ＊取り違える

こがす【焦がす】　（動）クガラスン →恋焦がす

ごがつ【五月】　（名）グングァチ

ごきげん【ご機嫌】　（名）ウンチェー

こきつかう【こき使う】　（動）アチカユン・アチカイン。クンチカユン・クン
チカイン →扱いにくい、使いにくい

ごきぶり【ゴキブリ】　（名）〔昆〕トービーラー。フィーラー・ヒーラー

こきゅう【胡弓】　（名）クーチョー ＊楽器

こきょう【故郷】　（名）シマ →島、古里

こぐ【漕ぐ】　（動）クージュン

こくおう【国王】　（名）スイティンガナシ。ウスガナシーメー

こけ【苔】　（名）〔植〕ヌーリ

こげる【焦げる】　（動）クガリユン・クガリーン

ここ【此処】　（代）クマ

52

こごえる【凍える】　（動）クファユン・クファイン →固くなる、仲が悪くなる

ここち【心地】　（名）ククチ。シンチ。ククルムチ →気分

ここのか【九日】　（名）クニチ

ここのつ【九つ】　（名）ククヌチ

こころ【心】　（名）ククル。チム。【心が痛む】チムイチャサン。チムグリサン。チムヌヤムン →かわいそうである。【心優しい】チムヂュラサン。ウフヤッサン。ウェンダサン。【心の中で絶えず願っていること】チムニゲー。【心が広い】チムビルサン。ワーヌアン →寛容である

こころあたり【心当たり】　（名）アティ

こころがける【心掛ける】　（動）ククルガキユン・ククルガキーン。チムガキユン・チムガキーン

こころざし【志】　（名）ククルザシ。イッシー。ニンガキ

こころざす【志す】　（動）ニンガキユン・ニンガキーン

こころづよい【心強い】　（形）チムジューサン →安心できる

こころのこり【心残り】　（名）ナグリ →名残

こさめ【小雨】　（名）アミグァー。グマアミ。グマアミグァー。チヤチヤーブイ

こし【腰】　（名）クシ。【腰回りのくびれた部分】ガマク

こしゅ【古酒】　（名）クーシュ・クース

こせき【戸籍】　（名）クシチ

こたえる【答える】　（動）イレーユン・イレーイン

こたえる【堪える】　（動）クテーユン・クテーイン

ごちそう【ご馳走】　（名）クァッチー

ごちそうさまでした【ご馳走様でした】　〔挨拶〕クァッチー サビタン

ごちそうする【ご馳走する】　（動）ティデーユン・ティデーイン・ティレーイン →もてなす

ごちゃまぜ　（副）マンチャーフィンチャー・マンチャーヒンチャー・マンチャーマンチャー →まぜこぜ

こちょこちょ　（副）クチュクチュ・クチュークチュー ＊くすぐる時に言う言葉

こちら 　　（名）クマ。【こちら側】クガタ。クマムティー

こっそり 　　（副）スルットゥ。スルットゥグアー →そっと

こと【琴】 　　（名）クトゥー ＊楽器

こと【事】 　　（名）クトゥ

ことし【今年】 　　（名）クンドゥ・クトゥシ

ことば【言葉】 　　（名）クトゥバ

ことばづかい【言葉遣い】 　　（名）ムヌイー・ムニー。ムヌイーカタ。クトゥ
バジケー。アビーヨー

こども【子ども】 　　（名）ワラビ。【子ども扱い】ワラビアチケー。【子どもの
お祝い】マンサン。マンサンウイエー ＊子どもが産ま
れて七日目の夜に行うお祝い

こどもたち【子どもたち】 　　（名）ワラビンチャー。ワラバーター

ことわざ【諺】 　　（名）イクトゥバ ＊シマクトゥバコラム（p 57）参照

ことわる【断る】 　　（動）クトゥワユン・クトゥワイン

こな【粉】 　　（名）クー

こねあわせる【こね合わせる】 　　（動）アースン。ニーユン →合わせる

この 　　（連体）クヌ。【この辺】クリカー。クヌフィン

このみ【好み】 　　（名）シチ

このむ【好む】 　　（動）シチュン →好く

ごはん【ご飯】 　　（名）メー。ウブン〈米の飯〉

ごはん【ご飯】 　　（名）ムヌ。ムン →食べ物、物

ごはんつぶ【ご飯粒】 　　（名）メーチジ

こぶしめ【コブシメ】 　　（名）〔魚〕クブシミ ＊イカ

ごぼう【牛蒡】 　　（名）グンボー ＊野菜

こぼれる【零れる】 　　（動）'イケーリユン・'イケーリーン。ホーリユン・ホー
リーン

こま【独楽】 　　（名）クールー・コールー ＊おもちゃ

ごま【胡麻】 　　（名）ウグマ

こまかくちゅういをはらう【細かく注意を払う】　（動）クメーキユン・クメーキーン　→つつましくする

こまごま【細々】　（副）クマグマ

こまったこと【困ったこと】　（名）ジャーフェー。ワザ・ワジャ

こまる【困る】　（動）クマユン・クマイン。スックェースン

ごみ【ゴミ】　（名）チリ。アクタ →塵

こむぎこ【小麦粉】　（名）ムジナクー・ムージナクー

こむらがえり【こむら返り】　（名）クンダアガヤー・クンラアガヤー

こめ【米】　（名）クミ

こめかみ【蟀谷】　（名）クミカン

こめる【込める】　（動）クミユン・クミーン

ごめんください　〔挨拶〕チャービラ。ユシリヤビラ

こもち【子持ち】　（名）ックァムチ

こもる【籠る】　（動）クマユン・クマイン

こゆび【小指】　（名）イビングァー

こよみ【暦】　（名）クユミ

こらえる【堪える】　（動）クネーユン・クネーイン。シヌブン。ニジユン・ニジーン。ヌビユン・ヌビーン →我慢する

こらしめる【懲らしめる】　（動）ミミジュン。シチキユン

これ　（代）クリ

これから　（名）クリカラ

これでいい　（連語）シムン →済む。【これでいいさ】シムサ

これほど　（名）クッピ

ころす【殺す】　（動）クルスン〈主に動物を〉

こわい【怖い】　（形）ウトゥルサン

こわがる【怖がる】　（動）ウジユン・ウジーン。ウスリユン・ウスリーン →恐れる

こわす【壊す】　（動）ヤンジュン。クーシュン・クースン

55

こわれる【壊れる】 （動）ヤンティユン。クーリユン・クーリーン

こんき【根気】 （名）クンチ

こんじょう【根性】 （名）ソー

こんちゅう【昆虫】 （名）イチムシ。ムシグァー

こんど【今度】 （名）クンドゥ・クン

こんな （連体）ウンナ

こんなにたくさん （名）クサキー ＊そんなにたくさん（ウサキー）

こんにちは 〔挨拶〕ハイサイ〈男の人が使う〉。ハイタイ〈女の人が使う〉

こんにゃく【蒟蒻】 （名）クンヤク

こんぶ【昆布】 （名）クーブ ＊海藻

こんらん【混乱】 （名）ヤマチリグトゥ ＊ごたごた。収拾のつかない困った状態

シマクトゥバコラム①

沖縄のことわざ（黄金言葉<ruby>クガニクトゥバ</ruby>）

・キラマー　ミーシガ　マチゲー　ミーラン
　　　　慶良間<ruby>けらま</ruby>は見<ruby>み</ruby>えるが、まつ毛<ruby>げ</ruby>は見<ruby>み</ruby>えない。
　　　＊遠<ruby>とお</ruby>くのものはよく見<ruby>み</ruby>えるのに、近<ruby>ちか</ruby>くのものに気<ruby>き</ruby>がつかないことがある。

・イチャリバ　チョーデー　（ヌゥーヌ　ヒダティヌ　アガ）
　　　　会<ruby>あ</ruby>えば兄弟<ruby>きょうだい</ruby>（何<ruby>なん</ruby>の隔<ruby>へだ</ruby>たりがあろうか。隔<ruby>へだ</ruby>たりは無<ruby>な</ruby>い）。
　　　＊出会<ruby>であ</ruby>った人<ruby>ひと</ruby>はみな兄弟<ruby>きょうだい</ruby>のようなもので垣根<ruby>かきね</ruby>はない。

・イーッチョー　シングァンシン　コーティドゥシ　ッシ
　　　　良<ruby>よ</ruby>い人<ruby>ひと</ruby>は、千貫<ruby>せんかん</ruby>（お金<ruby>かね</ruby>の単位<ruby>たんい</ruby>）でも買<ruby>か</ruby>って友<ruby>とも</ruby>とせよ。
　　　＊良<ruby>よ</ruby>い友<ruby>とも</ruby>を持<ruby>も</ruby>つことはお金<ruby>かね</ruby>では買<ruby>か</ruby>えないぐらいとても有益<ruby>ゆうえき</ruby>なこと。

・イジヌ　ンジラー　ティーフィキ。ティーヌ　ンジラー　イジ　フィキ
　　　　意地<ruby>いじ</ruby>が出<ruby>で</ruby>るなら手<ruby>て</ruby>を引<ruby>ひ</ruby>け。手<ruby>て</ruby>を出<ruby>だ</ruby>すなら意地<ruby>いじ</ruby>は引<ruby>ひ</ruby>きなさい。
　　　＊怒<ruby>いか</ruby>りに身<ruby>み</ruby>をまかせるのではなく、落<ruby>お</ruby>ち着<ruby>つ</ruby>いて行動<ruby>こうどう</ruby>しなさい。

・ヤー　ナレール　フカ　ナレー
　　　　家<ruby>いえ</ruby>での習慣<ruby>しゅうかん</ruby>は外<ruby>そと</ruby>での習慣<ruby>しゅうかん</ruby>。
　　　＊家<ruby>いえ</ruby>での普段<ruby>ふだん</ruby>の行<ruby>おこな</ruby>いが外<ruby>そと</ruby>でも出<ruby>で</ruby>るもの、気<ruby>き</ruby>をつけよう。

・トゥーヌ　イーベー　ドゥータキ　ネーラン
　　　　10本<ruby>ぽん</ruby>の指<ruby>ゆび</ruby>は全部<ruby>ぜんぶ</ruby>同<ruby>おな</ruby>じ長<ruby>なが</ruby>さではない。
　　　＊それぞれの指<ruby>ゆび</ruby>には役割<ruby>やくわり</ruby>があり、個性<ruby>こせい</ruby>がある。人<ruby>ひと</ruby>も各々<ruby>おのおの</ruby>の個性<ruby>こせい</ruby>を大事<ruby>だいじ</ruby>に。

・クトゥバヤ　ジンジケー
　　　　言葉<ruby>ことば</ruby>はお金<ruby>かね</ruby>のように（大事<ruby>だいじ</ruby>に）使<ruby>つか</ruby>え。
　　　＊大事<ruby>だいじ</ruby>にお金<ruby>かね</ruby>を使<ruby>つか</ruby>うように、言葉<ruby>ことば</ruby>も気<ruby>き</ruby>をつけて使<ruby>つか</ruby>おう。

さ

さあ　（感）ディッカ・リッカ　*誘い掛ける言葉

ざあざあ　（擬態）ソーソー・ソールソール　→ぼろぼろ　*水または涙が流れるさま

さいご【最後】　（名）チビ

さいし【妻子】　（名）トゥジックァ

さいそくする【催促する】　（動）イミユン・イミーン

さいのうあるもの【才能ある者】　（名）ジンブンムチ。チロージンブンムチ
→知恵のある者

さいふ【財布】　（名）ジンブクル。ジンイリー

ざいもく【材木】　（名）ゼームク・ジェームク

さえぎる【遮る】　（動）チジユン・チジーン

さお【竿】　（名）ソー

さか【坂】　（名）フィラ・ヒラ

さかい【境】　（名）サケー　*地平線（ティンジャケー）。水平線（ティントゥミジジャ
ケー）

さかえる【栄える】　（動）サケーユン・サケーイン。サカユン・サカイン

さがす【探す】　（動）カメーユン・カメーイン。【探さない】カメーラン。【探
している】カメートーン。【探した】カメータン

さかな【魚】　（名）イユ。【魚売り】イユウヤー　*かごに魚を入れて頭上に乗せ
て売り歩いた。【魚の卵】ハラミ

さがる【下がる】　（動）サガユン・サガイン

さき【先】　（名）サチ

さぎ【鷺】　（名）〔鳥〕サージャー・サージ

さきがけ【先駆け】　（名）サチバイ

さきほど【先ほど】　（名）ナマサチ

さきまわり【先回り】　（名）サチマーイ

58

さく【咲く】　（動）サチュン

さくや【昨夜】　（名）ユービ →タベ

さくら【桜】　（名）〔植〕サクラ

ざくろ【柘榴】　（名）〔植〕ザクラ

さけ【酒】　（名）サキ

さけずき【酒好き】　（名）ジョーグー・サキジョーグー ＊ジョーグーは特定の
　　　　　　　　　　　　　食べ物を好む人も言う。「そば好き（スバジョーグー）」

さける【避ける】　（動）ドゥキナユン・ドゥキナイン・ルキナイン →よける

さげる【下げる】　（動）サギユン・サギーン。【下げない】サギラン。【下げ
　　　　　　　　　ている】サギトーン。【下げた】サギタン

さざえ【サザエ】　（名）〔魚〕サジェーンナ・サゼー

さじ【匙】　（名）ケー

さしさわり【差し障り】　（名）チケー。サシチケー。サシサーイ

さしせまる【差し迫る】　（動）サシチマユン・サシチマイン

さしだす【差し出す】　（動）ヌシキユン・ヌシキーン。ネーユン・ネーイン

さしとめる【差し止める】　（動）サシトゥミユン・サシトゥミーン

さす【差す・刺す】　（動）サスン

さずかる【授かる】　（動）サジカユン・サジカイン

さずける【授ける】　（動）サジキユン・サジキーン

さそり【蠍】　（名）ヤマンカジ

さだめる【定める】　（動）サダミユン・サダミーン・サラミーン

さっさと　（副）イッスイカッスイ。カシーカシー。ソーソー

ざっと　（副）ザットゥ・ジャットゥ。アラアラ

さつまいも【薩摩芋】　（名）〔植〕ンム。【薩摩芋の葉】カンダバー・カンラバー。
　　　　　　　　　　　【薩摩芋の皮】ンムガー ＊豚の飼料とした

さて　（接続）サティ ＊話題を変える時に言う言葉

さといも【里芋】　（名）チンヌク

さとう【砂糖】　（名）サーター

さとうきび【砂糖黍】　（名）〔植〕'ウージ

さとる【悟る】　（動）サトゥユン・サトゥイン

さなぎ【蛹】　（名）〔昆〕トーヤーマー

さび【錆】　（名）サビ

さびしい【寂しい】　（形）チムシカラーサン。サビッサン

さびれる【寂れる】　（動）サボーリユン・サボーリーン

ざまあみろ　（感）シタイ。シタイヒャー〈年下に対して〉→でかした

さます【覚ます】　（動）サマスン〈目を〉

さます【冷ます】　（動）サマスン

さむい【寒い】　（形）フィーサン・ヒーサン。【寒さでがたがた震えるさま】
　　　　　　　　　　　　フィーサガタガタ・ヒーサガタガタ

さむらい【侍】　（名）サムレー →士族

さめ【鮫】　（名）〔魚〕サバ

さめる【覚める】　（動）サミユン・サミーン

さめる【冷める】　（動）サマユン・サマイン。ヒジュユン・ヒジュイン

さら【皿】　（名）サラ ＊小皿（ケーウチ）。中皿（チューザラ）。大皿（ハーチ）

さらいねん【再来年】　（名）ナーヤーン。ナーンチュ

さらに　（副）ウヌウィー。ナーフィン・ナーヒン。ユク・ユクン

さる【猿】　（名）〔動〕サール

ざる【笊】　（名）ミーゾーキー・ミージョーキー（竹製で底の浅い円形の箕）。
　　　　　　　　　　ユナバーキ（密に編んだざる）

さわる【触る】　（動）サーユン・サーイン

さん【3】　（名）サン・ミーチ

さんかい【三回】　（名）ミケーン

さんがつ【三月】　（名）サングァチ

ざんしょ【残暑】　（名）ワカリアチサ

さんしん【三線】　（名）サンシン ＊楽器。【三線の楽譜】クンクンシー（エエ四）

さんにん【三人】　（名）ミッチャイ

60

ざんねん【残念】 （名）ジャンニン

さんば【産婆】 （名）クァナシミヤー

さんぽ【散歩】 （名）アッチャーアッチャー

し

じ【字】 （名）ジー

しあん【思案】 （名）ムヌカンゲー

しいる【強いる】 （動）シーユン・シーン

しお【塩】 （名）マース。【塩煮】マースニー＊魚料理。【清めの塩】スーヌ
ハナ

しお【潮】 （名）ウス。スー

しおから【塩辛】 （名）カラス。カラスグァー

しおからい【塩辛い】 （形）スージューサン。シプカラサン

しおみず【塩水】 （名）スーミジ。マースミジ

しおらしい （形）スーラーサン

しかける【仕掛ける】 （動）シカキユン・シカキーン

しかし （接続）アンシガ

しがつ【四月】 （名）シングァチ

しかねること （接尾）カンティー ＊言いかねる（イーカンティー）

しかりつけること【叱りつけること】 （名）アック・アク →叱責。【ひどく叱り
つけること】アックムック・アクムク

しかる【叱る】 （動）ヌラユン・ヌライン。シチキユン・シチキーン。アック
スン

じかん【時間】 （名）ジブン

じくじたるおもい【忸怩たる思い】 （名）ウチアタイ

しける【湿気る】 （動）シミケーユン・シミキーン

しごと【仕事】 （名）シクチ。ワザ・ワジャ

しし【獅子】 （名）シーシ・シーサー ＊獅子舞の獅子や魔除けの獅子像

じしん【地震】 （名）ネー

しずか【静か】 （名）シジカ

しずむ【沈む】 （動）シジムン

しぜん【自然】 （名）シジン

しぜんに【自然に】 （名）ナンクル ＊何とかなるさ（ナンクルナイサ）

…しそう （接尾）ガター・ガーター。シーガーター

しぞく【士族】 （名）サムレー。ユカッチュ。シズク →侍

…しそこなう （接尾）ハンスン。シーヤンジュン。スンジユン

しそん【子孫】 （名）ックァンマガ。ヤチンマガ。ユダファ・ユラファ

した【舌】 （名）シバ ＊唇（クチシバ）

した【下】 （名）シチャ。【下に】シチャンカイ

…したい （助動）ブサン。シーブサン ＊行きたい（イチブサン）

しだいに【次第に】 （副）シデーニ・シレーニ。タッタ

したがう【従う】 （動）シタガユン・シタガイン

…したがらない （接尾）ンパー・ンバ ＊行きたがらない（イカンパー）

したくをする【支度をする】 （動）シコーユン・シコーイン〈食事の〉

したたらせる【滴らせる】 （動）ハラスン

したてる【仕立てる】 （動）シタティユン・シタティーン

しちがつ【七月】 （名）シチグァチ →お盆

しっかりと （副）シカットゥ →はっきり

しっき【漆器】 （名）ヌイムン

しつける【躾ける】 （動）シチキユン・シチキーン。'イナラーシュン・'イナ
ラースン

しっしん【湿疹】 （名）フェーガサ・ヘーガサ ＊頭にできる湿疹

しっせき【叱責】 （名）アック →叱りつけること

しっと【嫉妬】 （名）ディンチ・リンチ。ʔワーナイ・ʔワーネー →やきもち

62

しっぽ【尻尾】　（名）ジュー

しつれい【失礼】　（名）グブリー。ブリー

しどろもどろ　（副）アマイークマイー。アヌークヌー ＊話し方

しにそう【死にそう】　（名）シニガーター〈人以外〉。マーシガター〈人〉

しにそこない【死にそこない】　（名）シニヤンジャー

しぬ【死ぬ】　（動）シヌン。マースン。ミーウティユン

じぬし【地主】　（名）ジーヌヌーシ

じねんじょ【自然薯】　（名）ヤマンム →山芋

しのぶ【忍ぶ】　（動）シヌブン

しばい【芝居】　（名）シバイ

しばる【縛る】　（動）クンジュン。ユーユン・ユーイン

しびれる【痺れる】　（動）フィラクムン・ヒラクムン

じぶん【自分】　（名）ドゥー・ルー →体

じぶんかって【自分勝手】　（名）ドゥーガッティ・ルーガッティ。ジママ

じぶんじしん【自分自身】　（名）ドゥーナー・ルーナー

しま【縞】　（名）アヤ →紋様

しま【島】　（名）ハナリ。シマ →故郷。古里

しまい【姉妹】　（名）チョーデー・チョーレー →兄弟

…しますか　（動）シミシェーミ・シンシェーミ ＊「する（スン）」の敬語

しまにんじん【島人参】　（名）チデークニ・チレークニ ＊黄色い人参

じまん【自慢】　（名）ジマン

しみつく【染みつく】　（動）シミチチュン

しめじ　（名）シミジ ＊きのこ

しめしあわせること【しめし合わせること】　（名）チューゴー

じめじめ　（副）ジタジタ。シプシプ。シプタイカータイ ＊湿気が多く不快なさま

しめる【閉める・締める】　（動）ミチュン・ミチーン。クーユン・クーイン

しめる【湿る】　（動）シプタユン・シプタイン →じめじめする

じめん【地面】　（名）ジー

じもんじとう【自問自答】　（名）イチャイハンチャイ

しゃこがい【シャコガイ】　（名）〔魚〕アザケー・アジケー

しゃざい【謝罪】　（名）ワッサ。ワキ。イーワキ

しゃしん【写真】　（名）サシン。【写真屋】サシンヤー。【写真を撮る】サシン ヌジュン

しゃっきん【借金】　（名）ウッカ。シー。【借金返済】ウッカバレー

しゃっくり　（名）サッコービ

しゃぶる　（動）シプユン・シプイン

じゃま【邪魔】　（名）サマタギ。ジャマ

しゃも【軍鶏】　（名）〔鳥〕タウチー。タワチー

しゃもじ【杓文字】　（名）ミシゲー。イージェー

じゃり【砂利】　（名）イシグー。ウル。シナ

しゃりん【車輪】　（名）ヒャーガー・ハーガー

じゃんけん　（名）ブーサー ＊沖縄式じゃんけん（虫拳）

じゆう【自由】　（名）ジユー

じゅう【10】　（名）トゥー

じゅういちがつ【十一月】　（名）シムチチ

じゅうがつ【十月】　（名）ジューグァチ

しゅうかん【習慣】　（名）ナレー

しゅうぎ【祝儀】　（名）スージ

じゅうごや【十五夜】　（名）ジューグヤ・ジューグヤー ＊旧暦8月15日の夜

しゅうさい【秀才】　（名）ディキヤー。リキヤー。スグリムン

じゅうしょく【住職】　（名）ザーシ・ジャーシ →和尚

じゅうじろ【十字路】　（名）アジマー。カジマヤー ＊交差したところ（もの）

じゅうそう【重曹】　（名）アンチョー ＊ふくらし粉として使用

しゅうとめ【姑】　（名）シトゥ。シトゥウヤ ＊夫の親を指す

じゅうにがつ【十二月】　（名）シワーシ

じゅうにし【十二支】　（名）ジューニシ

しゅうにゅう【収入】　（名）イリメー

じゅうばこ【重箱】　（名）ジューバク

じゅうばこりょうり【重箱料理】　（名）ウサンミ。サンミ *神仏に供える

じゅうぶんにそろう【十分にそろう】　（動）スナワユン・スナワイン →備わる

じゅうぶんにそろうこと【十分にそろうこと】　（名）スナワイ

じゅくす【熟す】　（動）ンムン →膿む

じゅごん【ジュゴン】　（名）〔動〕ザン・ザンヌイユ

しゅじん【主人】　（名）ヌーシ

しゅっせい【出生】　（名）ンマリ。【出産祝いに出すご飯】ンバギー。カー
　　　　　　　　　　　ウリーヌウフルメー

しゅっぱつ【出発】　（名）ンジタチ

しゅり【首里】　（名）スイ *地名

しゅりじょう【首里城】　（名）ウグシク。スイグシク

じゅんび【準備】　（名）シコーイ。スガイ →服装

じゅんびする【準備する】　（動）シコーユン・シコーイン

しょうが【生姜】　（名）〔植〕ソーガー

しょうがつ【正月】　（名）ソーグァチ →一月。【良いお正月です】'イーソーグァ
　　　　　　　　　　チデービル・'イーソーグァチレービル *お正月の
　　　　　　　　　　あいさつ

しょうがない　（連語）ショーンタタン。ジフィネームン

じょうき【蒸気】　（名）アチキ →湯気

しょうじきもの【正直者】　（名）マットーバー。マクトゥー

しょうじょ【少女】　（名）'イナグワラビ →女の子

しょうしんもの【小心者】　（名）チムグームン。チムグー

じょうず【上手】　（名）ジョージ

じょうだん【冗談】　（名）テーファ。ワレーバナシ

しょうちょう【小腸】　（名）ワタグァー。ナカミ〈豚などの〉

じょうとう【上等】　（名）ジョートゥー *「優れて良いもの」の意味で使用する

しょうにん【商人】　（名）アチネーサー。アチネーンチュ

しょうにんずう【少人数】　（名）イキラニンジュ

しょうねん【少年】　（名）'イキガワラビ

しょうばい【商売】　（名）アチネー →商い。【頭上に品物をのせて売り歩くこと】カミアチネー

しょうぶ【勝負】　（名）スーブ

しょうめん【正面】　（名）タンカー。マムコー →向かい

しょうゆ【醤油】　（名）ソーユー

しょうらい【将来】　（名）サチジャチ

しょか【初夏】　（名）ワカナチ。ナチグチ

しょき【暑気】　（名）フミチ

しょくぎょう【職業】　（名）ワジャ

しょくにん【職人】　（名）セーク・シェーク →大工 *家大工（ヤージェーク）。石大工（イシジェーク）。鍛冶屋（カンジェーク）

しょくひ【食費】　（名）クェークチ

しょくぶん【職分】　（名）スクブン

しょたい【所帯】　（名）スーテー →世帯

しらせる【知らせる】　（動）シラスン

しらないひと【知らない人】　（名）シランチュ・シランチュー

しらべる【調べる】　（動）シラビユン・シラビーン

しらみ【虱】　（名）〔昆〕シラン

しらんぷり【知らんぷり】　（名）シランフーナー

しりあい【知り合い】　（名）シリエー。シッチョールー →知人

しりあいになる【知り合いになる】　（動）ミーシユン・ミーシーン

しりごみ　（名）アトゥシジチ・アトゥシジチャー。チビシーチャー →後退り

しる【知る】　（動）シユン・シーン

しるし【印】　（名）シルシ

しるす【記す】　（動）シルスン。トゥミユン・トゥミーン

しるわん【汁椀】　（名）ウシルジャワン・ウシルマカイ

しろ【白】　（名）シル・シルー

しろあり【白蟻】　（名）〔昆〕シライ

しろい【白い】　（形）シルサン

シロクラベラ　（名）〔魚〕マクブ

しろみ【白身】　（名）シルミ。シルミー →<ruby>卵<rt>らんぱく</rt></ruby>白

しわ【皺】　（名）マグイ。ワジャミ

しんしつ【寝室】　（名）ニジャシチ（<ruby>寝座敷<rt>ね ざ しき</rt></ruby>）

しんじる【信じる】　（動）シンジユン・シンジーン

しんぞう【心臓】　（名）フクマーミ

じんぞう【腎臓】　（名）マーミ

しんちょう【身長】　（名）フド・フル。タキ。【身長の<ruby>高<rt>たか</rt></ruby>い<ruby>人<rt>ひと</rt></ruby>】フドゥマギー・
　　　　　　　　　フルマギー

しんねん【新年】　（名）ミードゥシ・ミールシ。【新年のあいさつ】'イーソー
　　　　　　　　　グァチデービル・'イーソーグァチレービル

しんぱい【心配】　（名）シワ。ニンヂケー。チムフィチャギ。【心配性の<ruby>人<rt>ひと</rt></ruby>】
　　　　　　　　　シワサー。【心配<ruby>事<rt>ごと</rt></ruby>】シワグトゥ

しんぴん【新品】　（名）ミームン →<ruby>新<rt>あたら</rt></ruby>しい<ruby>物<rt>もの</rt></ruby>

じんましん【蕁麻疹】　（名）カゾーリムン・カジョーラ

しんめ【新芽】　（名）ミドゥリ・ミルリ →<ruby>芽<rt>め</rt></ruby>

しんるい【親類】　（名）ウェーカ・エーカ

しんれき【新暦】　（名）ヤマトゥグユミ ＊<ruby>旧<rt>きゅう</rt></ruby>暦（ウチナーグユミ）

す【酢】　（名）アマザキ・アマジャキ。シー

す【巣】　（名）シー

すいか【西瓜】　（名）シークァウイ。クァントゥウイ ＊果物

すいぎん【水銀】　（名）ミジガニ

すいせい【彗星】　（名）イリガンブシ。ホーチブシ →ほうき星

すいちゅう【水中】　（名）ミジヌミー。ミジヌナカ

すいちゅうめがね【水中眼鏡】　（名）ミーカガン

すう【吸う】　（動）スーユン・スーイン。シプユン・シプイン

すえっこ【末っ子】　（名）ウットゥングァ。ウッチリーグァー

すえる【饐える】　（名）シーユン・シーン ＊食べ物が腐って酸っぱくなる

すがた【姿】　（名）シガタ。カーギ。カーギシガタ →身なり

すく【好く】　（動）シチュン →好む。【嫌い】シカン。【好きである】シチョーン

すぐ【直ぐ】　（副）シグ。タデーマ（即座）

すくう【救う】　（動）スクユン・スクイン

すくない【少ない】　（形）イキラサン。【多い少ない】イキラサウフサ ＊量が多いか少ないかどうか

すくむ【竦む】　（動）スクムン

すぐれたもの【優れた者】　（名）スグリムン。ディキヤー。スグラー

すごい【凄い】　（形）ウスマサン

すこし【少し】　（名）ウフィ。クーテーン。イキラ

すごす【過ごす】　（動）シグスン

すじ【筋】　（名）シジ

ずしがめ【厨子甕】　（名）ジーシガーミ ＊遺骨を納める甕

すす【煤】　（名）シーシ

すすき【ススキ】　（名）〔植〕グシチ。ゲーン。【ススキの花】バラン

すずしい【涼しい】　（形）シダサン・シラサン。【涼しい風】シダカジ・シラカジ

すずむ【涼む】　（動）シダムン・シラムン

すずめ【雀】　（名）〔鳥〕クラー

すすめる【勧める】　（動）シシミユン・シシミーン

す

68

すずり【硯】　（名）シジリ

すそ【裾】　（名）スス

すだれ【簾】　（名）シダイ・シライ

すたれる【廃れる】　（動）シタリユン・シタリーン

ずつう【頭痛】　（名）チブルヤン。チブルヤミー

ずっと　（副）カタクジラ。ジョーイ

すっぱい【酸っぱい】　（形）シーサン

すてる【捨てる】　（動）シティユン・シティーン

すな【砂】　（名）シナ。ウル

すね【脛】　（名）シニ

すのもの【酢の物】　（名）ウサチ

すばやい【素早い】　（形）グルサン

すべる【滑る】　（動）シンディユン・シンディーン・シンリーン

すみ【炭】　（名）タン

すみ【隅】　（名）シミ。【隅々までほじくること】ミーミークージー。'イーチチュン

すみきる【澄みきる】　（動）シンチリユン・シンチリーン

すみつく【住みつく】　（動）'イーチチュン。ヤージチュン

すむ【済む】　（動）シムン →これでいい

すりきず【すり傷】　（名）シリキジ ＊ひっかき傷（サクイ）

すりばち【すり鉢】　（名）シルハチ・シリハチ

すりむく　（動）シリハジュン

する　（動）スン・ナスン〈ある状態に〉

すると　（接続）サクトー・スタクトゥ →したので

するめ【スルメ】　（名）カリイチャ。イチャグァー

すわる【座る】　（動）'イユン・'イーン。【お座りになる】'イーミシェーン ＊「座る」の敬語

せ

せいかく【性格】 （名）シムチ

せいかつ【生活】 （名）クラシ

せいこうする【成功する】 （動）ディカスン・リカスン →上手くやり遂げる

せいざ【正座】 （名）フィサマンチ・ヒサマンチ ＊「ヒザマヅキ」は沖縄大和口

せいだいに【盛大に】 （副）マギマギートゥ

ぜいたくにする【贅沢にする】 （動）クァビーユン・クァビーン

せいてん【晴天】 （名）'イー?ワーチチ

せいと【生徒】 （名）シートゥ

せいどう【青銅】 （名）カラカニ ＊金（クガニ）。銀（ナンジャ）

せいねん【青年】 （名）ニーセー・ニーシェー。ワカムン →若者

せいまいする【精米する】 （動）シラギユン・シラギーン

せいめいさい【清明祭】 （名）ウシーミー・シーミー ＊沖縄の年中行事

せいようご【西洋語】 （名）ウランダグチ・ウランラグチ →英語

せいようじん【西洋人】 （名）ウランダー・ウランラー

せおよぎ【背泳ぎ】 （名）ニンジャーウィージ。マーファナチャーウィージ

せかい【世界】 （名）シケー

せき【咳】 （名）サックィー

せきこむ【咳きこむ】 （動）チチチュン →つつく

せきたてる【急きたてる】 （動）アギマースン

せきめん【赤面】 （名）アカジラー →赤ら顔

せきゆ【石油】 （名）シチタンユー

せけん【世間】 （名）シキン ＊世の中。【世間の人】ウマンチュ →皆

せたい【世帯】 （名）スーテー →所帯

せっかい【石灰】 （名）イシベー。シラフェー

70

せっかちである　（形）チーベーサン →気が早い

せっかちなひと【せっかちな人】　（名）アシガチャー。アシガチムン

せっけん【石鹸】　（名）サブン・サフン

せったいする【接待する】　（動）トゥイムチュン

せつめいする【説明する】　（動）イミフトゥチュン

せつやく【節約】　（名）アガネー

せつやくする【節約する】　（動）アガネーユン・アガネーイン。クメーキユン・

　　　　　　　　　　　　　　　　　　クメーキーン。クバメースン

せなか【背中】　（名）クシナガニ。ナガニ

せのび【背伸び】　（名）フィサダーカー・ヒサダーカー・ヒシャダカー

せぼね【背骨】　（名）クシブニ。ナガニブニ

せまい【狭い】　（形）イバサン

せわ【世話】　（名）ミーカンゲー

せわする【世話する】　（動）カムユン・カムイン

せん【千】　（名）シン

せんい【繊維】　（名）カジ

せんきょ【選挙】　（名）フダイリ・フライリ →投票

せんげつ【先月】　（名）クィタチチ・クタチチ ＊前日（メーヌチチ）

せんこう【線香】　（名）ウコー

せんこつ【洗骨】　（名）シンクチ

せんしゅ【選手】　（名）イラビニンジュ

せんす【扇子】　（名）オージ →扇

せんせい【先生】　（名）シンシー ＊師匠（シショー。ウシショー）

せんぞ【先祖】　（名）ウヤファーフジ。グァンス

ぜんそく【喘息】　（名）フィミチ・ヒミチ

せんちょう【船長】　（名）シンドゥー・シンルー

せんぱい【先輩】　（名）シージャ →年上。【先輩たち】シージャカタ

ぜんぶ【全部】　（名）ムル →皆

せんべい【煎餅】　（名）シンビー

せんめんき【洗面器】　（名）ビンダレー・ビンラレー

そあくひん【粗悪品】　（名）ソーベー

そう　（副）アン ＊同意を表す。【そうだね】アンヤサ。ヤサ。アンヤンテー。【そ
　　　　うか】アンヤミ・ヤミ。【そうだから】アンスグトゥ・アンスクトゥ

ぞうきん【雑巾】　（名）ススイ

そうしき【葬式】　（名）ダビ・ラビ

ぞうすい【雑炊】　（名）ジューシーメー。ジューシー ＊炊き込みご飯

そうぞうしいさま【騒々しいさま】　（副）ワサワサ・ワサワサー

そうだん【相談】　（名）ダンゴー。ソーダン。ジンミ

そうめん【素麺】　（名）ソーミン

ぞうり【草履】　（名）サバ

そえる【添える】　（動）シーユン・シーン ＊加える（ウヮースン）

そげる【削げる】　（動）スギユン・スギーン

そこ　（代）ンマ ＊ここ（クマ）。あそこ（アマ）

そこ【底】　（名）スク

そして　（副）アンシ →それで

そしる【謗る】　（動）スシユン・スシーン

そそぐ【注ぐ】　（動）チジュン。サスン

そそっかしいこと　（名）スクチ

そそっかしいひと【そそっかしい人】　（名）ウフソー。スクチャー。スクチ
　　　　　　　　　　　　　　　　　　　　　　　　　　　ナムン

そだち【育ち】　（名）スダチ・スラチ

そだつ【育つ】　（動）スダチュン・スラチュン

そだてる【育てる】　（動）スダティユン・スダティーン・スラティーン

そっと　（副）スルットゥ →こっそり

そっとう【卒倒】　（名）ブチクン。ブチゲー

そで【袖】　（名）スディ

そてつ【蘇鉄】　（名）〔植〕スーティチャー

そなわる【備わる】　（動）スナワユン・スナワイン →十分にそろう

その　（連体）ウヌ。【そのとおり】ウヌトゥーイ。【そのまま】ウヌママ

そば【蕎麦】　（名）スバ

そぶり【素振り】　（名）ナジキ。スンネービー

そめる【染める】　（動）スミユン・スミーン

そら【空】　（名）ティン。スラ

そらまめ【そら豆】　（名）トーマーミー

そる【剃る】　（動）スユン・スイン

それ　（代）ウリ。【それから】ウリカラ。アンシ

それぞれ　（名）ナーメーメー。ウヌウヌ

それだけ　（名）ウッサ。ウッピ ＊それだけの数量

それっぽっちの　（名）ウッピグァー。ウッサグァー

それでは　（接続）アンシェー

それでも　（接続）ヤティン

それほどのおおきさ【それほどの大きさ】　（名）ウッピナー。ウッサナー

そろえる【揃える】　（動）スラースン

そろそろ　（副）'イークル

そろって　（副）スルティ →一緒に

そろばん【算盤】　（名）スルバン

そんする【損する】　（動）ウドゥキユン・ウドゥキーン

そんなに　（副）アンシ

そんなにたくさん　（名）ウサキー

シマクトゥバコラム②

天気や気候

ʔワーチチ。ティンチ	天気
アミ	雨
アミグァー。グマアミ	小雨
アッタブイ	にわか雨
カタブイ	局地的な雨 ＊片側だけで降る夏の雨
ティーダアミ	天気雨 ＊太陽が出ている中で降る雨
ウーカジ。テーフー	台風
ヒャーイ・ハーイ	日照り
カジ	風
シダカジ・シラカジ	涼しい風
ハダムチ・ハラムチ	肌の感じる気候
ニングァチカジマーイ	旧暦二月の頃突然風が強くなり海が荒れること（二月風廻り）
ウリズン	3、4月頃の草木が芽吹く季節
ワカナチ	4、5月頃の稲穂の出る季節（若夏）
スーマンボースー	5、6月の梅雨（小満芒種）
カーチーベー	梅雨明けの頃に吹く南風（夏至南風）
ミーニシ	10月頃に吹き始める北風
タカヌシーバイ	9月から10月頃にかけて降る小雨
トゥンジービーサ	冬至の頃にやってくる寒さ（冬至冷え）
ムーチービーサ	旧暦12月8日の鬼餅の頃にやってくる寒さ（鬼餅冷え）
ムドゥイビーサ	3月頃に寒さがもどること（戻り冷え）
ワカリビーサ	春分の日が過ぎてやってくる最後の寒さ（別れ冷え）

74

た

た【田】　（名）ター

だ　（動）ヤン。【だった】ヤタン。【です】ヤイビーン ＊「だ（ヤン）」の敬語

だい【台】　（名）デー・レー

たいがい【大概】　（名）テーゲー。アラアラ。'イークル。ウーカタ →まずまず、大体

たいかく【体格】　（名）カラダ。タキフドゥ。グテー

だいく【大工】　（名）セーク・シェーク →職人

たいこ【太鼓】　（名）テーク。パーランクー（片張りの小太鼓）

だいこん【大根】　（名）デークニ・レークニ ＊野菜

だいず【大豆】　（名）トーフマーミ

たいせつ【大切】　（名）テーチチ →大好き

たいせつである【大切である】　（形）アタラサン ＊惜しむこと

だいたい【大体】　（名）テーゲー。アラアラ →まずまず、大概

だいどころ【台所】　（名）シム。ウシムトゥー・ウスムトゥー

たいふう【台風】　（名）ウーカジ。テーフー。カジフチ →嵐、暴風

たいへん【大変】　（名）デージ・レージ。【大変な事になった】デージナタン・レージナタン

たいも【田芋】　（名）ターンム

たいよう【太陽】　（名）ティーダ・ティーラ

たいらにする【平らにする】　（動）フィラカスン・ヒラカスン。フィラクナスン・ヒラクナスン →均す

たいりつする【対立する】　（動）'ンカユン・'ンカイン →向かう

たおれる【倒れる】　（動）トーリユン・トーリーン

たか【鷹】　（名）〔鳥〕タカ ＊特に「サシバ」を指す

だが　（接続）ヤシガ

75

たかい【高い】 （形）タカサン

たがいに【互いに】 （副）タゲーニ

たかさご【タカサゴ】 （名）〔魚〕グルクン ＊沖縄県の県魚

たかしお【高潮】 （名）シガリナミ →津波

たから【宝】 （名）タカラ

たかる【集る】 （動）タカリユン・タカリーン。マチャースン

たかわらい【高笑い】 （名）タカワレー

たき【滝】 （名）タチ

たく【炊く】 （動）ニユン・ニーン

だく【抱く】 （動）ダチュン・ラチュン〈子どもなどを〉

たくさん【沢山】 （副）ウフォーク。テーブン。テーダカ。【たくさんある（いる）】マンドーン・マンローン

たぐる【手繰る】 （動）タグユン・タグイン

たくわえる【蓄える】 （動）タクウェーユン・タクウェーイン。タミユン・タミーン。タブユン・タブイン →貯める

たけ【竹】 （名）〔植〕ダキ・ラキ

たけうま【竹馬】 （名）キービサー ＊おもちゃ

だけで （助）ビカーン・ビケーン ＊沖縄だけで（ウチナービケーン）

たけのこ【筍・竹の子】 （名）〔植〕ダキヌックァ・ラキヌックァ

たこ【蛸】 （名）〔魚〕タク

だし【出汁】 （名）ダシ・ラシ

たしかめる【確かめる】 （名）タシカミユン・タシカミーン

たす【足す】 （動）タレーユン・タレーイン。ウサースン

だす【出す】 （動）ンジャスン

たすけ【助け】 （名）タシキ。【助け合うさま】チュイシージー。タシキダシキ。タレーダレーイ

たすける【助ける】 （副）タシキユン・タシキーン

たずねる【訪ねる・尋ねる】 （動）タジニユン・タジニーン。タンニユン・

タンニーン

たそがれどき【黄昏時】 （名）アコークロー →夕方

たたきこむ【叩き込む】 （副）タタチンチュン

たたきつぶす【叩き潰す】 （動）タッピラカスン

たたく【叩く】 （動）タタチュン。クルスン。スグユン・スグイン ＊パチンと叩く
（パチミカスン）。【叩かれるよ】スグラリンドー

たたみ【畳】 （名）タタン

たたむ【畳む】 （名）タクブン

たちっぱなし【立ちっぱなし】 （動）タチクンパイ

たちば【立場】 （名）タチファ

たちはだかる【立ちはだかる】 （動）タチハバカユン・タチハバカイン

たちむかう【立ち向かう】 （動）タチンカユン・タチンカイン

たつ【立つ・建つ】 （動）タチュン。【立って子守】タチムイ ＊立った状態で
あやすこと

たつのおとしご【タツノオトシゴ】 （名）〔魚〕ウミンマグァー

たて【縦】 （名）タティ

たてがみ【鬣】 （名）カンジ・カンジュー →とさか

たてる【立てる】 （動）タティユン・タティーン

たとえ【例え】 （名）タトゥイ

たとえる【例える】 （動）タトゥユン・タトゥイン

たどる【辿る】 （動）タドゥユン・タドゥイン・タルイン

たにし【田螺】 （名）ターンナ ＊水田・池に棲む巻き貝

たね【種】 （名）サニ。サニムン

たのしい【楽しい】 （形）イーリキサン。ウッサン。ウムッサン

たのしみ【楽しみ】 （名）タヌシミ

たのしむ【楽しむ】 （動）タヌシムン

たのむ【頼む】 （動）タヌムン

たば【束】 （名）タバイ ＊一束（チュタバイ）。二束（タタバイ）

77

たばこ【煙草】　（名）タバク

たばねる【束ねる】　（動）タバユン・タバイン

たび【足袋】　（名）タービ

たび【旅】　（名）タビ ＊旅行（タビアッチ）

たびだち【旅立ち】　（名）タビダチ・タビラチ

たべのこし【食べ残し】　（名）カミヌクシ

たべもの【食べ物】　（名）ムヌ。ムン。ウブン。メー →ご飯、物。【食べ物が喉につかえるさま】チーチーカーカー。【食べ物にありつく運】クェーブー

たべる【食べる】　（動）カムン。【食べない】カマン。【食べている】カローン。【食べた】カラン

たま【玉】　（名）タマ

たまご【卵】　（名）クーガ。タマグ

たまごやき【卵焼き】　（名）クーガファーファー

たましい【魂】　（名）マブイ。マブヤー。タマシ。【魂をこめること】マブイグミ ＊体から離れた魂をこめる儀式

だます【騙す】　（動）ダマスン・ラマスン。ヌジュン。シカスン

たまに　（副）マルケーティ。【たまには】マルケーティナーヤ

だまる【黙る】　（動）ダマユン・ダマイン・ラマイン

たまわる【賜る】　（動）ウタビミシェーン →下さる

ため【為】　（名）タミ

ためいき【ため息】　（名）ウフイーチ

ためす【試す】　（動）タミスン

ためらう【躊躇う】　（動）ウケーユン・ウケーイン

ためる【貯める】　（動）タブユン・タブイン。タミユン・タミーン →蓄える

たもと【袂】　（名）タムトゥ ＊着物の袖の袋状のところ

たより【便り】　（名）ウトゥ。サタ。ウトゥサタ

たよる【頼る】　（動）ウッチャカユン・ウッチャカイン。カカユン・カカイン

た

たらい【盥】 （名）タレー。ハンジリ

だらしのないもの【だらしのない者】 （名）ヌバチリムン。ダルー・ダラー

だるい【怠い】 （形）ダルサン。【怠そうにしている者】ダヤー・ラヤー

だれ【誰】 （代）ター。【誰か】ターガナ

たれさがる【垂れ下がる】 （動）タイサガユン・タイサガイン

だれる （動）ダユン・ダイン・ライン ＊疲れて力がなくなる

たわし【束子】 （名）サーラ

たわら【俵】 （名）ターラ

たん【痰】 （名）カサグイ

たんき【短気】 （名）タンチ

たんきなひと【短気な人】 （名）タンチャー。サクムチ

だんご【団子】 （名）ダーグ

たんじょうび【誕生日】 （名）ンマリビー〈生まれ日〉

たんす【箪笥】 （名）タンシ

だんだんと （副）タッタ。シデーニ・シレーニ

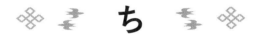

ち【血】 （名）チー。【血だらけ】チーダラカー・チーダルカー

ちいさい【小さい】 （形）グマサン。クーサン

ちいさいもの【小さいもの】 （名）グマー・グナー。クーテー

ちえ【知恵】 （名）ジンブン。【知恵のある者】ジンブンムチ →才能のある者

ちかい【近い】 （形）チカサン・チチャサン

ちがう【違う】 （動）チガユン・チガイン

ちかく【近く】 （名）チカサ・チチャサ

ちから【力】 （名）テー。グテー

ちすじ【血筋】 （名）シジ。チーシジ。タックィー

ちち【乳】 （名）チー。チーチー →母乳

ちっそく【窒息】 （名）イーチマディー・イーチマリー →息が詰まること

ちのみご【乳飲み子】 （名）チーヌミングァ。アカングァ →赤ちゃん、赤ん坊

ちゃ【茶】 （名）チャー。＊ウチャ（お茶）

ちゃばしら【茶柱】 （名）チャーヌシン

ちゃぷちゃぷ （擬音）ユッタイクァッタイ ＊容器の中でたっぷりの水が揺れ動い
てたてる音 →たぷたぷ

ちゃわん【茶わん】 （名）マカイ

ちゅうこく【忠告】 （名）ユシグトゥ。ムンナラーシグトゥ →教訓

ちゅうごく【中国】 （名）トー（唐）。【中国への旅】トータビ ＊亡くなることを言う

ちゅうごし【中腰】 （名）トゥンタッチー

ちゅうしょく【昼食】 （名）アサバン →昼ご飯

ちゅうもん【注文】 （名）チュームン

ちゅうもんする【注文する】 （動）アチレーユン・アチレーイン

ちゅうもんひん【注文品】 （名）アチレームン

ちょう【蝶】 （名）〔昆〕ハーベールー

ちょうげん【調弦】 （名）チンダミ・チンラミ

ちょうし【調子】 （名）アンベー →具合

ちょうじゅ【長寿】 （名）チョーミー。ナガイチ。ナガヌチ →長生き

ちょうしょう【嘲笑】 （名）アジャワレー。カタクチワレー

ちょうじょう【頂上】 （名）チジ →頭のてっぺん

ちょうど【丁度】 （副）チョードゥ・チョール。チントゥ

ちょうなん【長男】 （名）チャクシ →嫡子

ちょうめん【帳面】 （名）チョーミン →ノート

ちょっと （副）イチュター ＊呼びかける言葉

ちょっとのあいだ【ちょっとの間】 （名）イチュタ →しばらくの間

ちらかる【散らかる】 （動）チラカユン・チラカイン。シジェーリユン

ちらばる【散らばる】 （動）ホーリユン・ホーリーン。シジェーリユン

ちり【塵】　（名）チリ →ゴミ

ちりとり【塵取り】　（名）チリトゥイ

ついかする【追加する】　（動)ʔワースン。イリシーユン・イリシーン

ついたち【一日】　（名）チータチ

つうじょう【通常】　（名）フィージー・ヒージー →平常

つえ【杖】　（名）グーサン

つかいかた【使い方】　（名）チケーカタ・チケーヨー

つかう【使う】　（動）チカユン・チカイン。【使わない】チカラン。【使っている】
チカトーン。【使った】チカタン

つかまえる【捕まえる】　（動）カラミユン・カラミーン

つかむ【掴む】　（動）カチミユン・カチミーン

つかれ【疲れ】　（名）ウタイ。クタンディ・クタンリ。【疲れをとるために一
杯やること】ウタイノーシ。クタンディノーシ・クタン
リノーシ

つかれる【疲れる】　（動）ʼウタユン・ʼウタイン。チカリユン・チカリーン。
クタンディユン

つき【月】　（名）チチ

つきあいにくい【付き合いにくい】　（形）フィレーグリサン・ヒレーグリサ
ン →気難しい

つきあたり【突き当たり】　（名）チチアタイ →行き止まり

つきごと【月毎】　（名）チチヌカージ

つきまとうこと【付き纏うこと】　（名）カカイシガイ

つきみ【月見】　（名）チチナガミ

つきもの【憑きもの】　（名）カカイムン

81

つきよ【月夜】　（名）チチヌユー。チチュー

つく【付く・着く】　（動）チチュン

つぐ【継ぐ】　（動）チジュン

つくえ【机】　（名）シュク

つくりばなし【作り話】　（名）チュクイバナシ

つくりもの【作り物】　（名）チュクイムン

つくりわらい【作り笑い】　（名）チュクイワレー

つくる【作る】　（動）チュクユン・チュクイン。【作らない】チュクラン。【作っ
　　　　　　　　　ている】チュクトーン。【作った】チュクタン。【作りや
　　　　　　　　　すい】チュクイヤッサン

つけあがる【付け上がる】　（動）アメーユン・アメーイン。チチャガユン・
　　　　　　　　　　　　　　　　チチャガイン

つげぐち【告げ口】　（名）モーサギ・コージン

つけな【漬け菜】　（名）チキナ ＊からし菜を塩もみしたもの

つけもの【漬物】　（名）チキムン

つける【付ける・着ける・漬ける】　（動）チキユン・チキーン

つごう【都合】　（名）チゴー

つたえる【伝える】　（動）チテーユン。チタユン・チタイン

つち【土】　（名）ンチャ ＊土塊（ンチャブク）。粘土質の黒土（ジャーガル）

つづく【続く】　（動）チジチュン

つつましくする【慎ましくする】　（動）クメーキユン・クメーキーン →細かく
　　　　　　　　　　　　　　　　　　　　　　注意を払う

つづみ【鼓】　（名）チジン ＊楽器

つつむ【包む】　（動）チチムン

つとめる【勤める】　（動）チトゥミユン・チトゥミーン

つなぐ【繋ぐ】　（動）チジュン。チナジュン

つなひき【綱引き】　（名）チナフィチ・チナヒチ

つなみ【津波】　（名）シガリナミ →高潮

82

つねに【常に】 （副）チャー

つの【角】 （名）チヌ

つば【唾】 （名）チンペー

つばめ【燕】 （名）〔鳥〕マッテーラー。マッタラー

つぼみ【蕾】 （名）ククムイ。チブミ。ムックー

つま【妻】 （名）トゥジ

つまさきだち【つま先立ち】 （名）フィサダカー・ヒサダカー

つまずき【躓き】 （名）キッチャキ

つまる【詰まる】 （動）チマユン・チマイン

つみ【罪】 （名）トゥガ。チミトゥガ →罰

つむ【積む】 （動）チムン

つむぎ【紬】 （名）マン。チムジ ＊「繭」からきた言葉

つむじ【旋毛】 （名）マチ ＊つむじが一つ（ティーチマチャー）。つむじが二つ（ター
　　　　　　　　　　　　チマチャー）

つむじかぜ【つむじ風】 （名）カジマチ

つめ【爪】 （名）チミ

つめたい【冷たい】 （形）ヒジュルサン・フィジュルサン

つゆ【露】 （名）チユ

つゆ【梅雨】 （名）スーマンボースー。ナガアミ

つよい【強い】 （形）チューサン

つらい【辛い】 （形）クチサン →苦しい

つらいこと【辛いこと】 （名）アワリ →惨め

つりいと【釣り糸】 （名）ティグス・ティグスイ ＊天蚕糸のこと

つりざお【釣り竿】 （名）チンブク

つりばり【釣り針】 （名）イユジー

つる【鶴】 （名）〔鳥〕チル

つるつるしている （形）ナンドゥルサン・ナンルルサン →なめらかである

つるべ【鶴瓶】 （名）チー ＊井戸の水を汲んで釣り上げる桶・容器

83

つるむ　（動）チルブン・チルムン　*動物の交尾

つれる【連れる】　（動）ソーユン・ソーイン

つわぶき【石蕗】　（名）〔植〕チーパッパー

て

て【手】　（名）ティー　→空手

…で　（助）サーニ。ッシ　*手段、方法を表す。「車で（クルマサーニ）」

であう【出会う】　（動）イチャユン・イチャイン

てあらい【手洗い】　（名）ティーアレー

でいご【梯梧】　（名）〔植〕ディーグ・リーグ

でかした　（感）シタイ。シタイヒャー〈年下に対して〉→ざまあみろ

てがみ【手紙】　（名）ジョー。フミ

てがら【手柄】　（名）ティガラ

てき【敵】　（名）ティチ

できたてほやほや　（副）アチコーコー　*料理などの湯気が立っているさま

できる　（動）ナユン・ナイン　*なる〈ある状態に〉

（…が）できる　（助動）ウースン・ユースン　*能力があって可能であることを示す。

*書くことができる（カチウースン・カチユースン）

でくわす【出くわす】　（動）ハッチャカユン・ハッチャカイン

てさぐり【手探り】　（名）ティーサグイ

でしゃばること【出しゃばること】　（副）メーナイナイ。メーユイユイ

てだすけ【手助け】　（名）ティダシキ。ティガネー

てつ【鉄】　（名）クルカニ

てづかみ【手づかみ】　（名）ティージカーン

てつだい【手伝い】　（名）カシー。ティガネー

てなずける【手なずける】　（動）ティージキユン・ティージキーン

84

てにおえないこと【手に負えないこと】　（名）ザーフェー・ジャーフェー。ジャーフェーグトゥ

てぬぐい【手ぬぐい】　（名）ティサジ・ティーサージ

てのひら【手のひら】　（名）ティーヌワタ。ティーヌウラ

てま【手間】　（名）ティマ

でも　（助）ンデー・ンレー「水でも飲め（ミジンデー ヌメー・ミジンレー ヌメー）」

てる【照る】　（動）ティユン・ティーン

でる【出る】　（動）ンジユン・ンジーン。【出ない】ンジラン。【出ている】ンジトーン。【出た】ンジタン

てん【天】　（名）ティン

てん【点】　（名）ティン

てんき【天気】　（名）ワーチチ。ティンチ ＊シマクトゥバコラム（p 74）参照

でんぐりがえし【でんぐり返し】　（名）チンブルゲーイ・チンブルゲーヤー

でんごん【伝言】　（名）イエー。イヤイ。ディングン・リングン

でんごんする【伝言する】　（動）トゥジキユン・トゥジキーン

でんせんびょう【伝染病】　（名）フーチ。【伝染病除け】フーチゲーシ

てんねんとう【天然痘】　（名）チュラガサ

てんぷら【天ぷら】　（名）アンダーギー・アンラーギー。ティンプラ

と

トイレ　（名）フール・フル

どう　（副）チャー。【どのようにして】チャーシ。【どうするか】チャース。【どうだったか】チャーヤタガ

どう【銅】　（名）アカガニ・アクガニ

とうがらし【唐辛子】　（名）コーレーグースー

とうがん【冬瓜】　（名）シブイ ＊野菜

とうぎゅう【闘牛】　（名）ウシオーラシェー。ウシアーシェー

どうぐ【道具】　（名）ドーグ・ローグ

どうくつ【洞窟】　（名）ガマ

とうじ【冬至】　（名）トゥンジー。【冬至の頃に来る寒さ】トゥンジービーサ

どうして　（副）ヌーンチ・ヌーンディチ・ヌーンリチ →何故

どうぞ　（副）ドーディン ＊お願いをする時に言う言葉

とうてい　（副）ジョーイ。ジョーヤ ＊否定的な表現が続く

どうどうとしている【堂々としている】　（形）ンブラーサン →重々しい

とうひょう【投票】　（名）フダイリ・フライリ →選挙

とうふ【豆腐】　（名）トーフ

どうぶつ【動物】　（名）イチムシ。イチムン

とおい【遠い】　（形）トゥーサン

とおか【十日】　（名）トゥカ

とがる【尖る】　（動）トゥガユン・トゥガイン

とき【時】　（名）トゥチ。ジブン

どきどきする　（動）ダクミチュン

とぐ【研ぐ】　（動）トゥジュン

とぐち【戸口】　（名）ハシルグチ。ヤードゥグチ・ヤールグチ

とくに【特に】　（副）カワティ。イルワキティ →格別

とげ【棘】　（名）'ンージ・'ンジ

とけい【時計】　（名）トゥチー・トゥッチー

どける【退ける】　（動）ヌキユン・ヌキーン。ドゥキユン・ドゥキーン

とこ【床】　（名）トゥク。ジャシチ（座敷）

どこ【何処】　（代）マー。【どこに】マーンカイ

どこまでも【何処までも】　（副）マーマディン・マーマリン

とこや【床屋】　（名）ダンパチヤー・ランパチヤー

ところ【所】　（名）トゥクル。トゥクマ

とし【年】　（名）トゥシ

としうえ【年上】　（名）シージャ。トゥシシージャ。トゥシカタ →先輩<ruby>先輩<rt>せんぱい</rt></ruby>

とじこめる【閉じ込める】　（動）ミチクミユン・ミチクミーン

としした【年下】　（名）ウットゥ。トゥシシチャ → <ruby>弟<rt>おとうと</rt></ruby>、<ruby>妹<rt>いもと</rt></ruby>

とじる【閉じる】　（動）クーユン・クーイン。ミチユン・ミチーン

どだい【土台】　（名）マックァ

とち【土地】　（名）ジー

とちゅう【途中】　（名）ミチナカ

とっくり【徳利】　（名）トゥックイ

どて【土手】　（名）アムトゥ

とても　（副）イッペー。サッコー。ドゥットゥ

とどけ【届け】　（名）トゥドゥキ・トゥルキ

とどける【届ける】　（動）トゥドゥキーン・トゥルキーン

ととのう【整う】　（動）トゥトゥナユン・トゥトゥナイン

とどまる【留まる】　（動）トゥドゥマイン・トゥルマイン

とどめる【留める】　（動）トゥドゥミーン・トゥルミーン

となり【隣】　（名）トゥナイ。ナラビ

となりきんじょ【隣近所】　（名）ケートゥナイ。チュケートゥナイ

どのように　（副）チャングトゥ。チャーシ

とびうお【飛び魚】　（名）〔魚〕トゥブー

とびでる【飛び出る】　（動）トゥンジユン・トゥンジーン →まかり出る

とびはぜ【トビハゼ】　（名）〔魚〕トントンミー。'イブー

とびはねる【飛び跳ねる】　（動）トゥンジュン

とぶ【飛ぶ】　（動）トゥブン

とまり【泊】　（名）トゥマイ

とまる【止まる】　（動）トゥマユン・トゥマイン

とめる【止める】　（動）トゥミユン・トゥミーン

とめる【泊める】　（動）トゥミユン・トゥミーン

ともだち【友達】　（名）ドゥシ・ルシ

ともる【灯る・点る】　（動）トゥブユン・トゥブイン

とらせる【取らせる】　（動）トゥラスン

とり【鳥】　（名）トゥイ

とりあつかい【取り扱い】　（名）トゥイアチケー。トゥンジャク

とりかえす【取り返す】　（動）トゥイムドゥスン・トゥイムルスン →取り戻す

とりこむ【取り込む】　（動）トゥイクムン →取り入れる

とりまく【取り巻く】　（動）マチャースン

とりもち【鳥もち】　（名）ヤンムチ

とる【撮る】　（動）ヌジュン〈写真を〉

とる【取る】　（動）トゥユン・トゥイン

どれぐらい　（名）チャッサ

どろ【泥】　（名）ドゥル

とろとろ　（副）トゥルトゥル ＊まどろむさま

どろぼう【泥棒】　（名）ヌスドゥ・ヌスル →盗人

どんぐり【団栗】　（名）〔植〕シージャーヌナイ

どんどん　（副）バンナイ。パカナイ。サーラナイ ＊勢いが良いさま

とんぼ【蜻蛉】　（名）〔昆〕アーケージュー

年中行事やお祝い

ソーグヮチ	〈1月1日〉正月
ワカミジ	若水＊元旦未明に初めて汲む水
ハチウクシー	仕事始め
ジュールクニチー	〈旧暦1月16日〉後生の正月 ＊墓参り
ハチカソーグヮチ	〈旧暦1月20日〉二十日正月
ハマウイ	〈旧暦3月3日〉浜下り
ヒガン	〈新暦3月と9月〉彼岸
シーミー。ウシーミー	〈新暦4月5日頃〜〉清明祭
アブシバレー	〈旧暦4月〉畦払い＊田の祭り
ユッカヌヒー	〈旧暦5月4日〉＊子どもの無病息災祈願
ハーリー・ハーレー	〈旧暦5月4日など〉爬竜船競漕
タナバタ	〈旧暦7月7日〉七夕
シチグヮチ	〈旧暦7月13日〜15日〉お盆
ウンケー	〈旧暦7月13日〉精霊迎え
ナカビー	〈旧暦7月14日〉お盆の二日目
ウークイ	〈旧暦7月15日〉精霊送り
ジューグヤー	〈旧暦8月15日〉十五夜
カジマヤーウイエー	〈旧暦9月7日〉97歳のお祝い＊数え97歳の生まれ年のお祝い
トゥンジー	〈新暦12月20日頃〉冬至
ムーチー	〈旧暦12月8日〉鬼餅
トゥシヌユールー	〈旧暦12月末日〉大晦日の晩
シチビ	お祭りの日
ウマチー	お祭り
タンカーウイエー	一歳の誕生日
ジューサンウイエー	十三祝い
トゥシビー	生まれ年のお祝い＊生まれた干支の年の厄払い

な

ない【無い】　（動）ネーン・ネーラン

ないしん【内心】　（名）チムウチ

ないぞう【内臓】　（名）ワタミームン。ワタムン

なう【綯う】　（動）ノーユン・ノーイン

なおす【直す】　（動）ノースン

なおる【直る】　（動）ノーユン・ノーイン

なか【仲】　（名）ナーカ。ナカ。【仲たがい】ナーカグファイ。ナーカタゲー。
【仲直り】ナーカノーイ・ナカノーイ。【仲が悪くなる】クファ
ユン・クファイン →固くなる、凍える

ながい【長い】　（形）ナガサン

ながいき【長生き】　（名）チョーミー。ナガイチ。ナガヌチ →長寿

ながいする【長居する】　（動）カーハユン・カーハイン →皮が張る

ながしだい【流し台】　（名）ミンタナ

ながす【流す】　（動）ナガスン

ながねん【長年】　（名）ナガニン

なかばしら【中柱】　（名）ナカバシル *部屋の間を仕切る引き戸

なかま【仲間】　（名）エージュー。グー

ながめる【眺める】　（名）ナガミユン・ナガミーン

ながもち【長持ち】　（名）ナガムチ

なかゆび【中指】　（名）ナカイービ

なかよく【仲良く】　（副）カナガナートゥ →愛し合って

なかよし【仲良し】　（名）'イードゥシ

…ながら　（助）ナギーナ →ではあるが *前文と後文を逆の意味でつなぐ言葉

（…し）ながら　（接尾）ガチー。ガナー →つつ *2つのことが同時に行われてい
るることを表す言葉 。「食事しながらテレビを見る（ムヌ カミ

ながれぼし【流れ星】 （名）フシヌヤーウチー

ながれる【流れる】 （動）ハユン・ハイン

なきごえ【鳴き声】 （名）ナチグィー。ナチクィー

なきむし【泣き虫】 （名）ナチブシ・ナチブサー

なきわらい【泣き笑い】 （名）ナチワレー

なく【泣く・鳴く】 （動）ナチュン

なぐさめる【慰める】 （動）ナグサミユン・ナグサミーン

なくなる【亡くなる】 （動）マースン〈人が〉

なぐる【殴る】 （動）クルスン。スグユン・スグイン

なげすてる【投げ捨てる】 （動）ウッチャンギユン・ウッチャンギーン。チャンナギユン・チャンナギーン。ハンナギユン・ハンナギーン

なげる【投げる】 （動）ナギユン・ナギーン

なごり【名残】 （名）ナグリ →心残り

なさけ【情け】 （名）ナサキ →憐れむ心

なす【茄子】 （名）ナーシビ ＊野菜

なすりつける【擦り付ける】 （動）シリナシユン・シリナシーン。ナシユン・ナシーン

なぜ【何故】 （副）ヌーンチ →どうして

なぜなら【何故から】 （接続）ヌーンディーヤー・ヤーンリィーヤ

なぞなぞ【謎々】 （名）ムヌアカシェー。アカシムン

なだめすかす【宥めすかす】 （動）シカスン →あやす、誘い出す

なつ【夏】 （名）ナチ

なづけ【名づけ】 （名）ナージキー →命名

なつばて【夏バテ】 （名）ナチマキ。フミチマキ ＊日射病（フィーマキ）

なでる【撫でる】 （動）ナディーン・ナリーン

…など （助）ンデー・ソレー →でも。＊具体例を示す言葉。「ご飯など食べろ

（ムヌンデーカメー・ムヌンレー カメ)」

なな【7】　（名）シチ

ななつ【七つ】　（名）ナナチ

ななめ【斜め】　（名）シェーガー。ナンベーイ

なに【何】　（代）ヌー。【何か】ヌーガナ

なにごと【何事】　（名）ヌーグトゥ

なのか【七日】　（名）ナヌカ。シチニチ

なのる【名乗る】　（動）ナヌユン・ナヌイン

なは【那覇】　（名）ナーファ ＊地名：那覇市

なびく【靡く】　（動）ナビチュン

なべ【鍋】　（名）ナービ。シンメーナービー（芋炊きなどに使われた大型の鍋）

なまえ【名前】　（名）ナー

なまぐさい【生臭い】　（形）フィルグササン・ヒルグササン・フィリグササン・
　　　　　　　　　　　　　　　ヒリグササン

なまける【怠ける】　（動）ウクタユン・ウクタイン。ユラリユン・ユラリーン
　　　　　　　　　　　　　　→怠る

なまにえ【生煮え】　（名）ナマニー。ウルニーナマニー

なみ【波】　（名）ナミ

なみだ【涙】　（名）ナダ

なみだもろい【涙もろい】　（形）ナダヨーサン・ナラヨーサン

なめくじ【ナメクジ】　（名）ナミムサー・ナミムシ

なめらかである　（形）ナンドゥルサン・ナンルルサン →つるつるしている

なめる　（動）ナミユン・ナミーン

ならう【習う】　（動）ナラユン・ナライン

ならす【均す】　（動）ナラスン。トーミユン・トーミーン。フィラクナスン →
　　　　　　　　　　　平らにする

ならす【鳴らす】　（動）ナラスン

ならぶ【並ぶ】　（動）ナラブン

な

なる （動）ナユン・ナイン〈ある状態に〉。【ならない】ナラン。【なっている】
ナトーン。【なった】ナタン

なれる【慣れる】 （動）ナリユン・ナリーン

なんぎ【難儀】 （名）ナンジ

なんこつ【軟骨】 （名）グスミチ

なんでも【何でも】 （名）ヌークィー

なんど【何度】 （名）イクケーン。ナンドゥ・ナンル →幾度

なんにん【何人】 （名）イクタイ

に

に【2】 （名）ターチ

…に （助）カイ。ンカイ。ニ →…へ ＊場所を表す言葉につく

にあう【似合う】 （動）ウチャーユン・ウチャーイン

にいさん【兄さん】 （名）ヤッチー・アフィー・アヒー

にえたたせる【煮え立たせる】 （動）タジラスン

にえたつ【煮え立つ】 （動）タジユン・タジーン。ムゲーユン・ムゲーイン

におい【匂い】 （名）カジャ。カバ。ニウイ

にかい【二回】 （名）タケーン

にがい【苦い】 （形）'ンジャサン

にがうり【苦瓜】 （名）ゴーヤー ＊野菜。ゴーヤーチャンプルーはゴーヤーと豆腐
を炒めた料理

にかげつ【二か月】 （名）タチチ

にがつ【二月】 （名）ニングァチ

にがな【苦菜】 （名）'ンジャナ・'ンージャナ ＊野菜

にがわらい【苦笑い】 （名）'ンジャワレー

にきび （名）ニクン

にぎやかにする【賑やかにする】　（動）ハネーカスン。【賑やかす陽気な人】ザーハネーカサー

にぎりこぶし【握り拳】　（名）ティージクン

にぎる【握る】　（動）ニジユン・ニジーン

にく【肉】　（名）シシ ＊鹿肉（コーヌシシ）。【赤身の肉】マッシシ・マッシサー

にくい【憎い】　（形）ニクサン。ミックァサン

にくむ【憎む】　（動）ニクムン

にくらしい【憎らしい】　（形）ニクサ。ミックァサ

にげる【逃げる】　（動）ヌギユン・ヌギーン。フィンギユン・ヒンギーン・フィンギーン

にこにこわらう【にこにこ笑う】　（動）ワレーカンジュン

にごらせる【濁らせる】　（動）ミングァスン

にごる【濁る】　（動）ミングィユン・ミングィーン

にし【西】　（名）イリ

にじ【虹】　（名）ヌージ

にせもの【偽物】　（名）ニシムン

にたものどうし【似た者同士】　（名）ニタカマンタ・ニタカマンター

にっき【日記】　（名）ニッチ

にほん【日本】　（名）ヤマトゥ。ウフヤマトゥ

にほんご【日本語】　（名）ヤマトゥグチ

にほんじん【日本人】　（名）ヤマトゥンチュ・ヤマトゥンチュー

にまい【二枚】　（名）ニンメー

にまいがい【二枚貝】　（名）アファクー・アファケー

にもつ【荷物】　（名）ニムチ。ニー

にら【韮】　（名）チリビラ ＊野菜

にらむ【睨む】　（動）ミーヒカユン・ミーヒカイン

にらめっこ【睨めっこ】　（名）ミークーメー

にる【似る】　（動）ニユン・ニーン

94

にる【煮る】　（動）ニユン・ニーン

にわかあめ【にわか雨】　（名）アッタブイ

にわとり【鶏】　（名）〔鳥〕トゥイ

にんぎょ【人魚】　（名）アカングァーイユ

にんぎょう【人形】　（名）ニンジョー

にんげん【人間】　（名）ニンジン ＊人(ひと)（チュ。フィトゥ）

にんじょう【人情】　（名）ニンジョー

にんしんする【妊娠する】　（動）カサギユン・カサギーン

にんにく【大蒜】　（名）フィル・ヒル

にんぷ【妊婦】　（名）カサギンチュ

ぬいばり【縫い針】　（名）チンノーイバーイ・チンノーヤーバーイ

ぬう【縫う】　（動）ノーユン・ノーイン

ぬか【糠】　（名）ヌカ

ぬかよろこび【糠喜び】　（名）'ンナウッサ

ぬく【抜く】　（動）ヌジュン

ぬぐ【脱ぐ】　（動）ヌジュン。ハジユン・ハジーン

ぬぐう【拭う】　（動）ヌグユン・ヌグイン。ススユン・ススイン

ぬけがら【抜け殻】　（名）シディグル・シリグル・シディガラ・シリガラ

ぬける【抜ける】　（動）ヌギユン・ヌギーン

ぬし【主】　（名）ヌーシ

ぬすみぐい【盗み食い】　（名）ヌスドゥングェー・ヌスルングェー

ぬすむ【盗む】　（動）トゥユン・トゥイン。ヌスムン

ぬまち【沼地】　（名）シッタイミー ＊どろんこの所(ところ)

ぬらす【濡らす】　（動）'ンダスン・'ンラスン

ぬるい【温い】　(形) ヌルサン

ぬれる【濡れる】　(動) シッタユン・シッタイン。シプタユン・シプタイン

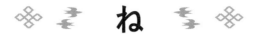

ね【根】　(名) ニー

ねがい【願い】　(名) ニゲー。ニゲームチ

ねぎ【葱】　(名) ジービラ。ビラ ＊野菜

ねこ【猫】　(名)〔動〕マヤー 。【三毛猫】ミキーマヤー

ねこじた【猫舌】　(名) マヤーグチ

ねこぜ【猫背】　(名) ウスコーグ

ねしょうべん【寝小便】　(名) ユーシバイ →おねしょ

ねじる【捩る・捻る】　(動) フィニユン・ヒニユン・フィニーン・ヒニーン。ムディユン

ねずみ【鼠】　(名)〔動〕ウェンチュ。ビーチャー（ジャコウネズミ）

ねたふり【寝たふり】　(名) ニンタフーナー

ねだん【値段】　(名) デー・レー。【値段が安い物】デーヤシー・レーヤシー →安物。【値段が高い物】デーダカー・レーラカー →高価な物

ねちがえ【寝違え】　(名) ニンジチゼー・ニンジチゲー

ねつ【熱】　(名) ニチ ＊微熱（ニチグァー）。【熱さまし】ニチサマシ。ハッサングスイ

ねっこ【根っこ】　(名) ニーグイ

ねっちゅうする【熱中する】　(動) カタンチュン

ねばねば　(副) ムチャムチャ。ムッチャイクァッタイ →べとべと

ねばりつく【粘り付く】　(動) ムッチャカユン・ムッチャカイン

ねぶそく【寝不足】　(名) ニンジブスク

ねぼすけ【寝坊助】　（名）ニーブヤー ＊いつも眠そうにしている者

ねむたい【眠たい】　（形）ニンジブサン

ねる【練る】　（動）ニーユン・ニーン

ねる【寝る】　（動）ニンジュン

ねんとう【年頭】　（名）ニントゥー

ねんをおす【念を押す】　（動）カジカキユン・カジカキーン →約束する

の

のうぎょう【農業】　（名）ハルシクチ。ハルシグトゥ

のうさくぶつ【農作物】　（名）チュクイムジュクイ。チュクイムン

ノート　（名）チョーミン →帳面

のこぎり【鋸】　（名）ヌクジリ

のこす【残す】　（動）ヌクスン

のこり【残り】　（名）アマイ。ヌクイ →余り

のこる【残る】　（動）ヌクユン・ヌクイン

のせる【乗せる】　（動）ヌシユン・ヌシーン

のぞきみ【覗き見】　（名）スーミ

のぞく【除く】　（動）トゥユン・トゥイン。フィチュン・ヒチュン

のぞみ【望み】　（名）ヌジュミ

のぞむ【望む】　（動）ヌジュムン →欲しがる

のど【喉】　（名）ヌーディー・ヌーリー

のどぼとけ【喉仏】　（名）ヌーディーグーフ・ヌーリーグーフ

のばす【伸ばす・延ばす】　（動）ヌバスン

のはら【野原】　（名）モー

のびる【伸びる】　（動）ヌブン →延期になる

のぼせること【逆上せること】　（名）ヌブシ

のぼる【上る】　　（動）ヌブユン・ヌブイン

のみ【鑿】　　（名）ヌミ ＊大工道具

のみ【蚤】　　（名）〔昆〕ヌミ

のみこむ【飲み込む】　　（動）ヌミクムン・ヌンクムン

のむ【飲む】　　（動）ヌムン

のらいぬ【野良犬】　　（名）〔動〕ヤマイン

のらねこ【野良猫】　　（名）〔動〕ヤママヤー

のり【糊】　　（名）ヌイ

のる【乗る・載る】　　（動）ヌユン・ヌイン

のろ【祝女】　　（名）ヌール ＊村落の祭祀を司る神女

のろい【鈍い】　　（形）ドゥンナサン・ルンナサン。ヌルサン。ニーサ →鈍い

のんびりしている　　（形）チーニーサン。チムナガサン

あいさつや返事

〈あいさつ〉

こんにちは	ハイサイ（男性語）、ハイタイ（女性語）
ごめんください	チャービラサイ（男性語）、チャービラタイ（女性語）
いらっしゃいませ	メンソーレー、イメンシェービリ
お元気ですか	ガンジューイ、ガンジューソーイビーミ（敬語）
ありがとうございます	ニフェーデービル
お願いします	ウニゲーサビラ
失礼します	グブリーサビラ
行ってらっしゃい	ンジクーヨー
行ってまいります	ンジチャービラ
がんばれよ	チバリヨー
はじめまして	ハジミティヤーサイ（男性語）、ハジミティヤータイ（女性語）
いただきます	クァッチーサビラ
召し上がれ	ウサガミソーレー
とても美味しいです	イッペー マーサイビーン
ごちそうさまでした	クァッチーサビタン
ご案内しましょう	ウンチケーサビラ
おやすみなさい	ウェーシンショーリ。ユクイビラ
またね	マタヤーサイ、マタヤータイ
新年のあいさつ	'イーソーグァチデービル

〈返事〉

はい	イー（年下に）、ウー（年上に）
いいえ	イーイー（年下に）、ウーウー（年上に）
おい	エー。エーサイ、エータイ（敬語）
やあ、おや、あれ	アイ
どれ。ほら	ダー

は

は【葉】　（名）ファー

は【歯】　（名）ハー。【前歯】メーバー。【奥歯】ウークバー。【乳歯】チークェーバー。【永久歯】ミーカイバー

ばあい【場合】　（名）バシュ・バス。バー

はい　（感）イー〈年下へ〉。ウー〈年上に〉→うん〈返事〉

はい【肺】　（名）フク

はい【灰】　（名）ヘー・フェー

ばい【倍】　（名）ベー

はいた【歯痛】　（名）ハーヤミー。ハーヤン

ハイビスカス　（名）〔植〕アカバナー

はいる【入る】　（動）イユン・イーン

はえ【蠅】　（名）〔昆〕フェー・ヘー →青蠅

はえかわる【生え変わる】　（動）ミーカーユン・ミーカーイン

はえる【生える】　（動）ミーユン・ミーン

はおる【羽織る】　（動）ウッチャキユン・ウッチャキーン

ばか【馬鹿】　（名）フラー。フリムン。フラーグァー

はかいする【破壊する】　（動）ヤンジュン

はかぐち【墓口】　（名）ハカヌジョー

はかどる【捗る】　（動）アガチュン。ハバチュン →働く

ばかにする【馬鹿にする】　（動）ウージュン。ウシェーユン・ウシェーイン →侮る

はかまいり【墓参り】　（名）ハカメー

はかる【計る】　（動）ハカユン・ハカイン

はきけをもよおす【吐き気を催す】　（形）ムヌハチブサン

はぎしり【歯ぎしり】　（名）ハーギシー

は

100

はく【履く】　（動）クムン〈はきものを〉

はく【吐く】　（動）ハチュン。ムドゥスン・ムルスン

はぐ【剥ぐ】　（動）ハジュン。アカスン

はぐき【歯茎】　（名）ハシシ

ばくちく【爆竹】　（名）ヒョーチャク・ホーチャク。ヒャー

ばくろう【馬喰】　（名）バクヨー →牛馬の仲買人

はげます【励ます】　（動）イサミユン・イサミーン →諫める

ばけもの【化け物】　（名）マジムン。ヤナムン →妖怪

はげる【禿げる】　（動）ハギユン・ハギーン

ばける【化ける】　（動）バキユン・バキーン

はこ【箱】　（名）ハク

はさみ【鋏】　（名）ハサン

はさむ【挟む】　（動）ハサムン

はしか【麻疹】　（名）イリガサ・イリガサー

はじく【弾く】　（動）ハンチュン

はじしらず【恥知らず】　（名）ハジチラー。ハジチリムン

はじまる【始まる】　（動）ハジマユン・ハジマイン

はじめて【初めて】　（副）ハジミティ

はじめる【始める】　（動）ハジミユン・ハジミーン

ばしょうふ【芭蕉布】　（名）〔植〕バサー

はしら【柱】　（名）ハーヤ

はしらせる【走らせる】　（動）ハラスン

はしる【走る】　（動）ハーエースン。ハユン・ハイン。【一目散に走ること】イッ
　　　　　　　　　　サンバーエー

はす【蓮】　（名）〔植〕ディン・リン

はず【筈】　（名）ハジ ＊たぶん…だろう

はずかしい【恥ずかしい】　（形）ハジカサン

はずかしがりや【恥ずかしがりや】　（名）チムグームン。ハジカサウミー

はずす【外す】 （動）ハンスン

はずれる【外れる】 （動）ハンディユン・ハンディーン・ハンリーン

はた【ハタ】 （名）〔魚〕ミーバイ・ミーバユ

はだ【肌】 （名）ハダ・ハラ。【肌の感じる気候】ハダムチ・ハラムチ

はだか【裸】 （名）ハダカ・ハラカ

はだぎ【肌着】 （名）ドゥーシブイ・ルーシブイ。ハダシブイ・ハラシブイ

はたけ【畑】 （名）ハル。アタイ（屋敷の中にある小さな畑）

はだける【開ける】 （動）アキハタキユン・アキハタキーン

はだし【裸足】 （名）カラッサ。カラビサー。カリッサ

はたち【二十歳】 （名）ハタチ

はたらきもの【働き者】 （名）アガチャー。ハマヤー。ハタラチャー

はたらく【働く】 （動）アガチュン。ハタラチュン →捗る。【死に物狂いで働
くこと】ヌチチリバタラチ

はち【8】 （名）ヤーチ

はち【鉢】 （名）ハーチ

はち【蜂】 （名）〔昆〕ハチャー

ばちあたり【罰当たり】 （名）バチカンジャー。バチカンジムン

はちがつ【八月】 （名）ハチグァチ

はちきれる【はち切れる】 （動）ハッチリユン・ハッチリーン

はつ【初】 （名）ハチ

はついくがよい【発育が良い】 （形）チューイベーサン

はつか【二十日】 （名）ハチカ

はっさん【発散】 （名）ハッサン ＊熱が引くこと

ばった【バッタ】 （名）〔昆〕セー・シェー ＊イナゴ（ンナグラゼー）など

はっとする （形）'ンニフィジュルサン・'ンニヒジュルサン

はでなようす【派手な様子】 （副）アカラクァーラ ＊赤々と照り輝くさま

はと【鳩】 （名）〔鳥〕ホートゥ

はな【鼻】 （名）ハナ

はな【花】 （名）〔植〕ハナ

はなうた【鼻声】 （名）ハナムヌィー・ハナムニー

はながさ【花笠】 （名）ハナガサ ＊舞踊や組踊に用いる花の形に作った笠

はなし【話】 （名）ハナシ ＊お話（ウハナシ）

はなしあう【話し合う】 （動）ソーダン スン・ソーラン スン

はなしかた【話し方】 （名）ムヌイーカタ

はなす【話す】 （動）ハナスン

はなす【離す】 （動）ハナスン

はなづまり【鼻づまり】 （名）ハナカタマヤー

バナナ （名）バサナイ ＊果物

はなみず【鼻水】 （名）ハナダイ・ハナライ。ミジハナダイ・ミジハナライ

はなやかにする【華やかにする】 （動）ハネーカスン。ハネーキユン・ハネーキーン

はなれじま【離れ島】 （名）ハナリジマ →離島

はなれる【離れる】 （動）ハナリユン・ハナリーン

はね【羽】 （名）ハニ →翼

はねかえる【跳ね返る】 （動）ハンチゲーユン・ハンチゲーイン

はねる【跳ねる】 （動）トゥヌジュン・トゥンジュン

ばば【馬場】 （名）ンマウイー。カニク ＊かつて競馬が行われていた場所

パパイヤ （名）パパヤー。マンジューイー ＊野菜・果物

はばかる【憚る】 （動）ハバカユン・ハバカイン

はばたく【羽ばたく】 （動）ハニウチュン

ハブ （名）ハブ。ナガムン ＊毒ヘビ

はま【浜】 （名）ハマ・ハーマ

ハマフエフキ （名）〔魚〕タマン

はもの【刃物】 （名）ハムン

はやい【早い】 （形）ヘーサン・フェーサン

はやうまれ【早生まれ】 （名）フェーンマリ・ヘーンマリ

はやおき【早起き】　（名）フェーウキ・ヘーウキ。アサウキ。アカチチウキ

はやく【早く】　（名）フェーク。フェーベートゥ

はやくちである【早口である】　（形）クチベーサン

はやさ【速さ】　（名）フェーサ・ヘーサ

はやし【林】　（名）ムイ →森

はやぶさ【隼】　（名）〔鳥〕フェンサ

はやり【流行り】　（名）フェーイ・ヘーイ →流行

はら【腹】　（名）ワタ。ハラ

はらう【払う】　（動）ハラユン・ハライン →返済する

はらす【晴らす】　（動）ハラスン

ばらばら　（副）ナーチリジリ。ナーハイバイ。【はきものなどが不揃いなこと】
　　　　　　　　　　カタグーマンチャー

はらもち【腹持ち】　（名）ワタデー・ワタレー ＊食べた後に空腹になりにくいこと

はり【針】　（名）ハーイ

はりがね【針金】　（名）シグンジャニ。シンブンガニ

はりせんぼん【ハリセンボン】　（名）〔魚〕アバサー

はりつく【貼り付く】　（動）ハイチチュン

はる【春】　（名）ハル

はれぎ【晴れ着】　（名）ʔワージ。チュラジン

はればれと【晴れ晴れと】　（副）サージャートゥ

はれる【晴れる】　（動）ハリユン・ハリーン

ばんごはん【晩ご飯】　（名）ユーバン

はんせい【反省】　（名）シンシャク

ひ

ひ【日】 （名）フィー・ヒー。ティーダ

ひ【火】 （名）フィー・ヒー

ピーナッツ （名）ジーマーミ →落花生

ひいき【贔屓】 （名）フィーチ・ヒーチ

ひえびえと【冷え冷えと】 （副）フィジュッテーン・ヒジュッテーン

ひえる【冷える】 （動）フィジュユン・ヒジュユン・フィジュイン・ヒジュイン

ひかえる【控える】 （動）フィケーユン・ヒケーユン・フィケーイン・ヒケーイン

ひかされる【引かされる】 （動）フィカサリユン・ヒカサリーン →誘惑される

ひがし【東】 （名）アガリ

ひがた【干潟】 （名）カタバル

ひかり【光】 （名）フィチャイ・ヒチャイ

ひかる【光る】 （動）フィチャユン・ヒチャユン・フィチャイン・ヒチャイン

ひがん【彼岸】 （名）フィガン・ヒガン・フィンガン・ヒンガン

ひきしお【干き潮】 （名）フィチシュ・ヒチシュ・フィチス・ヒチス

ひきしまる【引き締まる】 （動）フィチシマユン・ヒチシマユン・フィチシマイン・ヒチシマイン

ひきしめる【引き締める】 （動）フィチシミユン・ヒチシミユン・フィチシミーン・ヒチシミーン

ひきずる【引きずる】 （動）スビチュン。スンチュン

ひきだし【引き出し】 （名）フィチンジャシー・ヒチンジャシー

ひきとる【引き取る】 （動）フィチトゥユン・ヒチトゥユン・フィチトゥイン・ヒチトゥイン

ひきもどす【引き戻す】 （動）フィチムドゥスン・ヒチムルスン

ひく【引く】 （動）フィチュン・ヒチュン →引っぱる

105

ひくい【低い】 　（形）フィクサン・ヒクサン

びくびく 　（副）シカミーグルグル ＊おじけづいて目をきょろきょろすること

ひげ【髭】 　（名）ヒジ

ひざ【膝】 　（名）チンシ

ひさしい【久しい】 　（形）ナゲーサン

ひさしぶりだ【久しぶりだ】 　（形）ミードゥーサン・ミールーサン。ナゲー
サン

ひじ【肘】 　（名）フィジゲー・ヒジゲー

ひしゃく【柄杓】 　（名）ニーブ

びじん【美人】 　（名）チュラカーギ

ひたい【額】 　（名）フィチェー・ヒチェー。ムコー

ひだり【左】 　（名）フィジャイ・ヒジャイ

ひだりきき【左利き】 　（名）フィジャヤー・ヒジャヤー

ひっかく【引っかく】 　（動）カチャムン

びっくりする 　（動）ウドゥルチュン・ウルルチュン。シカムン →怖じける

ひっこし【引っ越し】 　（名）ヤーウーチー

ひっこむ【引っ込む】 　（動）フィックムン・ヒックムン

ひっさげる【引っさげる】 　（動）フィサギユン・ヒサギユン・フィサギーン・
ヒサギーン

ひつじ【未】 　（名）〔動〕フィチジ・ヒチジ

びっしょり 　（副）シプートゥ ＊雨などにびっしょり濡れるさま

ぴったり 　（副）チントゥ。チョードゥ・チョール

ひづめ【蹄】 　（名）チマグ

ひつよう【必要】 　（名）イリユー →入り用

ひつようなもの【必要な物】 　（名）イッタムン →便利な物

びていこつ【尾てい骨】 　（名）チビヌグッスイ

ひでり【日照り】 　（名）ヒャーイ・ハーイ

ひと【人】 　（名）ッチュ。フィトゥ

ひ

ひときれ【一切れ】 （名）チュカキ →ひとかけら

ひとこと【一言】 （名）チュクトゥバ

ひとさしゆび【人差し指】 （名）チュサシイービ

ひとつ【一つ】 （名）ティーチ

ひとまえ【人前】 （名）ッチュメー。ッチュヌメー

ひとみ【瞳】 （名）ミーヌシン

ひとみしり【人見知り】 （名）ッチュウジー。ヤマカーガー

ひとり【一人】 （名）チュイ

ひとりぐらし【一人暮らし】 （名）チュイグラシ。ドゥーチュイグラシ

ひとりごと【独り言】 （名）ドゥーチュイムニー

ひとりもの【独り者】 （名）ドゥーチュイムン・ルーチュイムン

ひなたぼっこ【日向ぼっこ】 （名）ティーダブーイ・ティーラブーイ

ひなん【非難】 （名）トゥガミ →咎(とが)め

ひなんする【非難する】 （動）トゥガミユン・トゥガミーン

ひにく【皮肉】 （名）ウラヌチムヌイー・ウラヌチムニー

ひねる【捻る】 （動）フィニユン・ヒニユン・フィニーン・ヒニーン

ひのかみ【火の神】 （名）ヒヌカン ＊かまどの神(かみ)

ひびく【響く】 （動）フィビチュン・ヒビチュン

ひふ【皮膚】 （名）カー

ひまご【ひ孫】 （名）マタンマガ

ひやかす【冷やかす】 （動）ナバクユン・ナバクイン

ひゃく【百】 （名）ハーク・ヒャーク

びょうき【病気】 （名）サワイ。ビョーチ。ヤンメー。【病気が重(おも)い】チューサン。ムチカサン

ひょうきんもの【ひょうきん者】 （名）チョーギナー。テーファー

びょうじゃくなひと【病弱な人】 （名）ヤファラー。ビーラー →体(からだ)の弱(よわ)い人(ひと)

ひょうちゃくぶつ【漂着物】 （名）ユイムン

ひょうばん【評判】 （名）ウトゥ。クチシバ。サタ

びょうぶ【屏風】　（名）ノーブ

ひらく【開く】　（動）フィラチュン・ヒラチュン

ヒラミレモン　（名）シークァーサー　＊果物《くだもの》

ひらめ【平目】　（名）〔魚〕カーサヌファーイユ →鰈《かれい》

ひりひりいたむ【ひりひり痛む】　（動）フィーラチュン・ヒーラチュン

ひりょう【肥料】　（名）クェー

ひる【昼】　（名）フィル・ヒル

ひるごはん【昼ご飯】　（名）アサバン →昼食《ちゅうしょく》

ひれ【鰭】　（名）ハニ　＊魚《さかな》のひれ

ひろい【広い】　（形）フィルサン・ヒルサン

ひろう【拾う】　（動）トゥメーユン・トゥメーイン。フィルユン・ヒルイン

ビロウ　（名）〔植〕クバ

ひろげる【広げる】　（動）フィルギユン・ヒルギーン

びん【瓶】　（名）ビン

ひんし【瀕死】　（名）マーシガター

びんぼう【貧乏】　（名）フィンスー・ヒンスー

びんぼうにん【貧乏人】　（名）フィンスームン・ヒンスームン

ひんまがる【ひん曲がる】　（動）フィンマガユン・ヒンマガユン・フィンマ
　　　　　　　　　　　　　　　　　　　ガイン・ヒンマガイン

ひんまげる【ひん曲げる】　（動）チンマガユン・チンマガイン

ぶあいそう【無愛想】　（名）カマジシ

ふうせん【風船】　（名）ブーカー

ふうふ【夫婦】　（名）ミートゥ・ミートゥンダ・ミートゥラ

ふうふげんか【夫婦喧嘩】　（名）ミートゥンダオーエー・ミートゥラオーエー

ふか【鱶】　（名）〔魚〕サバ

ふかい【深い】　（形）フカサン

ふかす【蒸す】　（動）ンブスン〈芋《いも》などを〉→蒸《む》す

ふきけす【吹き消す】　（動）フチチャースン

ふきげん【不機嫌】　（名）フィンチ・ヒンチ

ふきこぼれる【吹きこぼれる】　（動）アーブチュン

ふきこむ【吹き込む】　（動）フチクムン。フチンチュン

ふきだす【吹き出す】　（動）フチンジャスン

ふきとる【拭き取る】　（動）ススユン・ススイン。ヌグユン・ヌグイン

ぶきよう【不器用】　（名）ブクー

ふきん【布巾】　（名）フィーチン・ヒーチン

ふく【吹く】　（動）フチュン

ふく【服】　（名）チン →着物《きもの》

ふくぎ【福木】　（名）〔植〕フクジ

ふくそう【服装】　（名）スガイ →支度《したく》、準備《じゅんび》

ふくらはぎ【脹ら脛】　（名）クンダ・クンラ

ふくれる【膨れる】　（動）フーケーリユン・フーケーリーン。フックィユン・フッ
　　　　　　　　　　クィーン

ふくろ【袋】　（名）フクル

ふくろう【梟】　（名）〔鳥〕マヤージクク。タカジクク。チクク →木兎《みみずく》

ふくろだたき【袋叩き】　（名）マルグルシ。マールーグルシ

ふこう【不幸】　（名）フコー

ふさぐ【塞ぐ】　（動）フサジュン

ふざけること　（名）ガンマリ →悪戯《いたずら》

ふしぎ【不思議】　（名）フシジ

ふせぐ【防ぐ】　（動）フシジュン

ふせる【伏せる】　（動）ウスバスン。ウッチンキユン・ウッチンキーン

ふそく【不足】　（名）フスク

ふ

ふた【蓋】 （名）フタ。カマンタ（大鍋の蓋）

ぶた【豚】 （名）〔動〕ワー。【豚の塩漬け】スーチキ・スーチカー。スーブタ

ふたご【双子】 （名）ターチュー ＊三つ子（ミーチェー）

ふたつ【二つ】 （名）ターチ

ふたつき【ふた月】 （名）タチチ

ふたり【二人】 （名）タイ

ふだんぎ【普段着】 （名）ヤーカラチャー・ヤーカラー

ふつか【二日】 （名）フチカ

ぶつだん【仏壇】 （名）ブチダン・ブチラン。【仏壇から下げたご馳走】ウサンデー・ウサンレー。【仏壇に供えるお茶】ウチャトー

ふっとうさせる【沸騰させる】 （動）フカスン。ワカスン

ふっとうする【沸騰する】 （動）ムゲーユン・ムゲーイン →腹わたが煮えくりかえる

ふで【筆】 （名）フディ・フリ

ふてね【ふて寝】 （名）ニンジグナシ

ふところ【懐】 （名）フチュクル

ふとっているもの【太っている者】 （名）クェーター・クェートゥー

ふとる【太る】 （動）クェーユン・クェーイン →肥える

ふとん【布団】 （名）ウードゥ・ウル

ふな【鮒】 （名）〔魚〕ターイユ

ふね【船】 （名）フニ

ふへい【不平】 （名）ジーグイ。ゴーグチ →文句。【不平ばかり言うこと】ジーグイヒャーグイ・ジーグイハーグイ。【不平不満を言うさま】ミージグージ・ミージーグージー

ふむ【踏む】 （動）クダミユン・クダミーン・クラミーン →踏みつける

ふゆ【冬】 （名）フユ

110

ぶらんこ　（名）インダーギー・ウンラーギー

ふり【振り】　（名）フーナー。ナジキ

ふりかえる【振り返る】　（動）トゥンケーユン・トゥンケーイン

ブリキ　（名）シチタンガニ

ふる【振る】　（動）フユン・フイン。'ウーユン・'ウーイン

ふる【降る】　（動）フユン・フイン

ふるい【篩】　（名）ユイ ＊穀物の殻をより分ける道具

ふるい【古い】　（形）フルサン

ふるさと【古里】　（名）シマ →故郷、島

ぶるぶる　（副）フトゥフトゥー ＊寒さや恐怖で震えるさま

ふろ【風呂】　（名）ユーフル

ふろしき【風呂敷】　（名）ウチュクィー・ウチュクイ

ぶん【分】　（名）ブン →身の程

ぶんかつする【分割する】　（動）ワユン・ワイン

ぶんしょう【文章】　（名）ムングン

ふんどし【褌】　（名）サナジ

へ　（助）カイ。ンカイ →…に ＊場所を表す言葉につく。「首里へ行った（スインカ
イ　ンジャン）」

へいや【平野】　（名）トーバル →平原

ぺしゃんこにする　（動）フィラカスン・ヒラカスン。タッピラカスン

へそくり　（名）ワタクシ。ワタクサー

へた【下手】　（名）ヒタ・フィタ。ブクー・ブックー。【下手な大工】ターバー
ゼーク・ターバージェクー

へちま【糸瓜】　（名）ナーベーラー ＊野菜

ぺちゃくちゃ 　（副）ユンターフィンター・ユンターヒンター・ユンタクハンタク・ユンタクフィンタク・ユンタクヒンタク

べつ【別】 　（名）ビチ

べつべつに【別々に】 　（副）ワカシワカシ

へび【ヘビ】 　（名）ハブ。ナガムン

へや【部屋】 　（名）ジャシチ・ザシチ

へら【篦】 　（名）フィーラ・ヒーラ

へり【縁】 　（名）フィリ・ヒリ

へる【減る】 　（動）フィナユン・フィナイン・ヒナイン

べんきょう【勉強】 　（名）ガクムン。ビンチョー。【勉強がよくできる】ディキーン・リキーン

へんくつもの【偏屈者】 　（名）チュカター

へんさいする【返済する】 　（動）ハラユン・ハライン →払^{はら}う

へんじ【返事】 　（名）イレー

へんずつう【偏頭痛】 　（名）カタチブルヤン。カタチブルヤミー

べんとう【弁当】 　（名）ムチバンメー。ビントー

へんな【変な】 　（連体）イフーナ

べんぴする【便秘する】 　（動）チシユン・チシーン

ほ

ほう【方】 　（名）カタ〈方向〉。ハラ・ホー・ムティ〈方角〉

ほうき【箒】 　（名）ホーチ

ほうきぼし【ほうき星】 　（名）ホーチブシ。イリガンブシ →彗星^{すいせい}

ぼうきれ【棒切れ】 　（名）ブンジリ・ブンジラー。ボージリ。ブイ

ぼうさん【坊さん】 　（名）ボージ →坊主頭^{ぼうずあたま}

ほうじ【法事】 　（名）スーコー

112

ほ

ぼうし【帽子】 （名）ボーシ

ほうせんか【鳳仙花】 （名）〔植〕ティンサーグー・ティンサグ

ほうちょう【包丁】 （名）ホーチャー

ほうっておく【放っておく】 （動）チャンナギユン・チャンナギーン。ウッチャンナギユン

ほうねん【豊年】 （名）ミルクユー・ミルクユガフー。ユガフー

ほうび【褒美】 （名）フービ

ぼうふう【暴風】 （名）ウーカジ。カジフチ →嵐、暴風

ほうむる【葬る】 （動）ホームユン・ホームイン

ほうもんする【訪問する】 （動）ユシリユン・ユシリーン →伺う

ほうりなげる【放り投げる】 （動）チャンナギユン・チャンナギーン。ハンナギユン・ハンナギーン

ほうれんそう【ホウレン草】 （名）フーリン ＊野菜

ほお【頬】 （名）フータイ・フージラ

ほか【他・外】 （名）フカ

ぼく【僕】 （代）ワン

ほくろ【黒子】 （名）アザ・アジャ

ぼける【惚ける】 （動）カニハンディーン・カニハンリーン

ほこり【埃】 （名）フクイ

ほし【星】 （名）フシ。【夜空に多くの星が輝く】フシバリユン・フシバリーン

ほしい【欲しい】 （形）フサン

ぽたぽた （擬音）チョンチョン ＊水滴がしたたり落ちるさま

ほたる【蛍】 （名）〔昆〕ジンジン。ジンジナー

ほっきょくせい【北極星】 （名）ニーヌファブシ

ほったらかすこと （名）シティホーリー

ぼっとうする【没頭する】 （動）ハマイン。ヒッカタンチュン

ほてるさま【火照るさま】 （擬態）ファーファー

ほど【程】 （名）アタイ →くらい

ほとけ【仏】　（名）フトゥキ

ぼにゅう【母乳】　（名）チー。チチ →乳

ほね【骨】　（名）フニ

ほほえみ【微笑】　（名）カタクチワレー。ミーワレー

ほめる【褒める】　（動）フミユン・フミーン

ぼら【鰡】　（名）〔魚〕チクラ

ほらがい【ほら貝】　（名）〔魚〕ブラ

ほる【掘る】　（動）フユン・フイン

ほれこむ【惚れ込む】　（動）ウチフリユン・ウチフリーン。【異性に惚れこんで夢中になること】マンブリ

ほれる【惚れる】　（動）フリユン・フリーン →気が狂う

ぽろぽろ　（擬態）ソーソー。ソールナイ →ざあざあ。【涙ぽろぽろ】ナダソーソー

ほん【本】　（名）スムチ（書物）

ほんけ【本家】　（名）ムートゥドゥクル・ムートゥルクル。ムートゥヤー。ウフヤー

ほんとう【本当】　（名）フントー。ソーフンヌ。ジントー

ほんとうに【本当に】　（副）ジュンニ。ソーフンニ

ほんの　（連体）タダ・タラ。フンヌ →ただ

ほんもの【本物】　（名）ソームン

ぼんやり　（副）ヌルントゥルン

ぼんやりする　（動）トゥルバユン・トゥルバイン。【ぼんやりしているさま】トゥルバイカーバイ

沖縄料理とお菓子

スバ	沖縄そば
アシティビチ	豚の足を煮込んだ汁物
イナムドゥチ	白味噌味の汁物
	＊豚肉やかすてらかまぼこなどが入っている
ナカミジル	豚の内臓の吸い物
ソーキジル	豚の肋骨の汁物
ラフテー	豚の角煮
ユシドーフ	固める前の豆腐の汁物・おぼろ豆腐・寄せ豆腐
クファジューシー	炊き込みご飯
ボロボロジューシー	雑炊のようなご飯もの
チャンプルー	野菜と豆腐を炒めたおかず　＊ゴーヤーチャンプルー、マーミナー（もやし）チャンプーなど
クーブイリチー	昆布と豚肉の炒め煮
ンブシー	野菜と豆腐のみそ煮
	＊ナーベーラー（へちま）ンブシーなど
アンダンスー	油みそ
プットゥルー	デンプンを用いた炒めた料理　＊ソーミンプットゥルーなど
ミヌダル・ミヌラル	豚肉に黒ゴマをつけて蒸したもの
カチューユー	削った鰹節に湯を注いで味噌や醤油で味をつけた汁
クァーシ	菓子
チンビン	旧暦5月4日に食べられる焼き菓子
ポーポー	旧暦5月4日に食べられる中身が油みその焼き菓子
サーターアンダーギー・サーターアンラーギー	お祝いやおやつで食べられる揚げ菓子
ムーチー	旧暦12月8日に作る餅。鬼餅
ダーグ	団子

ま

まい【舞】 （名）モーイ。'ウドゥイ・'ウルイ

まいあさ【毎朝】 （名）メーアサ

まいつき【毎月】 （名）チチヌカージ。メージチ

まいとし【毎年】 （名）メーニン

まいにち【毎日】 （名）メーナチ・メーニチ

まいばん【毎晩】 （名）メーユル

まう【舞う】 （動）モーユン・モーイン。'ウドゥユン・'ウドゥイン・'ウルイン

まえ【前】 （名）メー

まかせる【任せる】 （動）マカスン

まがったもの【曲がったもの】 （名）ヨーガー・ヨーゲー

まき【薪】 （名）タムン

まきちらす【まき散らす】 （動）マチホーユン・マチホーイン

まぎらわす【紛らわす】 （動）マングァスン

まく【幕】 （名）マーク・マク

まく【巻く】 （動）マチュン

まくら【枕】 （名）マックァ

まけ【負け】 （名）マキ

まける【負ける】 （動）マキユン・マキーン

まご【孫】 （名）ンマガ

まごころ【真心】 （名）シンジツ。マグクル

まごつくさま （副）トゥヌーマヌー

まこと【誠】 （名）マクトゥ

まさに （副）マサマサートゥ

まし （名）マシ〈他方よりまさること〉

ましょうめん【真正面】 （名）マータンカー

116

まじる【混じる】　（動）マジリユン・マジリーン。マンチュン

まずい【不味い】　（形）ニーサン。マーコーネーラン →美味しくない

まずまず　（副）テーゲー。ウーカタ →大概、大体

ませている　（動）クサブックィユン・クサブックィーン →大人ぶっている。【ま
　　　　　　　　　せている者】クサブックァー・クサブックィムン

まぜる【混ぜる】　（動）マンキユン・マンキーン

また【又】　（接続）マタ

まだ　（副）ナーダ・ナーラ

まちうける【待ち受ける】　（動）マチウキユン・マチウキーン

まちがい【間違い】　（名）バッペー

まちがえる【間違える】　（動）バッペーユン・バッペーイン。マチゲーユン・
　　　　　　　　　マチゲーイン。マチガユン・マチガイン

まちどおしい【待ち遠しい】　（形）マチナゲーサン

まつ【松】　（名）〔植〕マーチ ＊リュウキュウマツ

まつ【待つ】　（動）マチュン

まっか【真っ赤】　（名）マッカーラ・マッカーラー

まっくろ【真っ黒】　（名）マックール・マックールー

まつげ【睫毛】　（名）マチギ

まっさかり【真っ盛り】　（名）バンジ。サラバンジ

まっしろ【真っ白】　（名）マッシーラ・マッシーラー

まっすぐ【真っ直ぐ】　（名）マットーバ・マットーバー →ただしい

マッチ　（名）チキダキ・チキラキ

まつりのひ【祭りの日】　（名）シチビ

まつる【祀る】　（動）マチユン・マチーン ＊先祖や亡くなった人を祀る

まど【窓】　（名）マドゥ・マル

まとめる　（動）マトゥミユン・マトゥミーン

まどわす【惑わす】　（動）マヤースン。マングァスン ＊魔力で人を迷わす

まないた【まな板】　（名）マルチャ

まにあう【間に合う】　（動）カキアーユン・カキアーイン

まにあわせる【間に合わせる】　（動）カキアースン

まね【真似】　（名）ネービ。マニ。フーナー。【…の真似をすること】グァーセー・グァーシー

まねく【招く】　（動）マニチュン。マヌチュン

まばたき【瞬き】　（名）ミーウチ

まぶしい【眩しい】　（形）ミーヒチャラサン

まぶた【瞼】　（名）ミーガー。ミーブクル。ミーヌフタ

まみなみ【真南】　（名）マフェー

まめ【豆】　（名）マーミ

まもる【守る】　（動）マムユン・マムイン

まゆ【眉】　（名）マユ

まよけ【魔除け】　（名）ムンヌキムン ＊ススキなどを結んで作る魔除け（サン）。サンより大きな魔除け（ゲーン）

まる【丸】　（名）マル ＊丸いもの（マールー）

まるい【丸い】　（形）マルサン

まるのみ【丸呑み】　（名）マンヌン

まるはだか【丸裸】　（名）マルハダカ・マルハラカ

まるめる【丸める】　（動）マルミユン・マルミーン

まわす【回す】　（動）ミグラスン。マーラスン

まわり【回り】　（名）マーイ。【町を歩き回ってみること】マチマーイ

まわる【回る】　（動）マーユン・マーイン。ミグユン・ミグイン

まん【万】　（名）マン

まんじゅう【饅頭】　（名）マンジュー

まんぞく【満足】　（名）マンズク・マンジュク

まんぞくする【満足する】　（動）チムフジュン

まんなか【真ん中】　（名）マンナカ

まんぷく【満腹】　（名）チュファーラ。スクソー

118

み【実】　（名）ミー。ナイ。ムックー

みあげる【見上げる】　（動）ミーアギユン・ミーアギーン

みあわせる【見合わせる】　（動）ミーアースン

みうしなう【見失う】　（動）ミーウシナユン・ミーウシナイン

みえる【見える】　（動）ミーユン・ミーン。【見えない】ミーラン

みおとし【見落とし】　（名）ミーウトゥスン

みおぼえ【見覚え】　（名）ミーウビ

みかける【見かける】　（動）ミカキユン・ミカキーン

みかた【見方】　（名）ミーヨー

みかた【味方】　（名）ミカタ

みかづき【三日月】　（名）ミカジチ

みぎ【右】　（名）ニジリ

みけん【眉間】　（名）ムコー。マヌク。マユヌタナカ

みごと【見事】　（副）ミグトゥ

みごとだ【見事だ】　（形）チビラーサン ＊きびきびとしている

みこむ【見込む】　（動）ミクムン

みじかい【短い】　（形）インチャサン

みじめ【惨め】　（名）アワリ →辛<small>つら</small>いこと

みず【水】　（名）ミジ

みずあそび【水遊び】　（名）ミジムターン

みずあびする【水浴びする】　（動）アミユン・アミーン

みずあらい【水洗い】　（名）ミジアレー

みずがめ【水甕】　（名）ガーミ。ハンドゥーガーミ・ハンルーガーミ。ミジ
ガーミ。ハンドゥー・ハンルー

みずさし【水差し】　（名）アンビン

みずたまり【水たまり】　（名）ミジタマイ

みすてる【見捨てる】　（動）ミーシティユン・ミーシティーン

みずぶくれ【水ぶくれ】　（名）ミジブクルー

みずぼうそう【水疱瘡】　（名）ミジガサー・ミジガサ

みせ【店】　（名）マチヤ。マチヤグァー

みせる【見せる】　（動）ミシユン・ミシーン

みそ【味噌】　（名）'ンス

みぞ【溝】　（名）'ンジュ・'ンージュ →下水

みぞおち【鳩尾】　（名）チムグチ。'ンニグチ

みたす【満たす】　（動）ミタスン。ミチユン・ミチーン

みだす【乱す】　（動）ンジャラカスン

みだれる【乱れる】　（動）ミダリユン・ミダリーン・ミラリーン。'ンジャリユン・
　　　　　　　　　　　　　　'ンジャリーン

みち【道】　（名）ミチ。【道に迷うこと】ミチバッペー。ミチマチゲー（道間違い）

みちくさをすること【道草をすること】　（名）ユクバイ。ミチユラリ

みちしお【満ち潮】　（名）ミチシュ・ミチス

みちばた【道端】　（名）ミチバタ

みっか【三日】　（名）ミッチャ。サンニチ

みつける【見つける】　（動）トゥメーユン・トゥメーイン

みつご【三つ子】　（名）ミーチュー ＊双子（ターチュー）

みっつ【三つ】　（名）ミーチ

みっともない　（形）ミートーン ネーン。フージン ネーン

みとどける【見届ける】　（動）ミートゥドゥキーン・ミートゥルキーン

みどり【緑】　（名）オールー →青

みとれること【見とれること】　（名）ミーブリ

みな【皆】　（名）ムル。'ンーナ・'ンナ →合計、全部

みなと【港】　（名）'ンナトゥ。トゥマイ。トゥグチ

みなみ【南】　（名）フェー・ヘー

120

みなり【身なり】　（名）シガタ。スガイ。ナリフジ →姿

みのがす【見逃す】　（動）ミーヌガーラスン。【見逃してやる】ヌガーラスン →許す

みのほど【身の程】　（名）ブン →分

みのむし【蓑虫】　（名）〔昆〕フクタームシ

みまい【見舞い】　（名）ミーメー・ミメー

みまちがい【見間違い】　（名）ミーバッペー。ミーマチゲー

みまもる【見守る】　（動）ミーマンジュン

みみ【耳】　（名）ミミ

みみかき【耳かき】　（名）ミミクジヤー

ミミズ　（名）ミミジ・ミミジャー

みみずく【木兎】　（名）〔鳥〕マヤージクク →梟

みみたぶ【耳たぶ】　（名）ミミヌタイ。ミミヌフータイ。ミミヌファー

みやこ【都】　（名）ミヤク

みやこ【宮古】　（名）マーク ＊地名：宮古島

みょうじ【苗字】　（名）ノージ。ヤーンナー・ヤヌナー

みる【見る】　（動）'ンージュン。'ンジュン。【見ない】'ンーダン・'ンーラン。【あっち見こっち見して物を探しているさま】ミーグルグル。ミーグルマーイ。アマミークマミー

みわけ【見分け】　（名）ミーワキ。ミワキ

みわける【見分ける】　（動）ミーワカスン。ミーワキユン・ミーワキーン

みんな【皆】　（名）ウマンチュ →世間の人

むいか【六日】　（名）ルクニチ

むかい【向かい】　（名）タンカー。'ンケー。マムコー →正面

121

むかいあっていること【向かい合っていること】　（名）タンカーマンカー

むかいかぜ【向かい風】　（名）'ンケーカジ →逆風

むかう【向かう】　（動）'ンカユン・'ンカイン →対立する

むかえる【迎える】　（動）'ンケーユン・'ンケーイン

むかし【昔】　（名）'ンカシ

むかしなじみ【昔なじみ】　（名）ムトゥビレー

むかしばなし【昔話】　（名）'ンカシバナシ

むかで【百足】　（名）'ンカジ

むぎ【麦】　（名）〔植〕ムジ

むきず【無傷】　（名）ムキジ

むぎわら【麦わら】　（名）ムンジュル。【麦わらの笠】ムンジュルガサ。ムンジュルー

むく【剥く】　（動）'ンチュン・'ンーチュン

むくち【無口】　（名）ンムヌクチ

むこ【婿】　（名）ムーク

むこうがわ【向こう側】　（名）アガタ。アマムティ・アマムティー →あちら側

むこようし【婿養子】　（名）イリムーク・イリムークー。ムクヨーシ →入り婿

むし【虫】　（名）ムシ。【虫を怖がる人】ムシウトゥルー

むしあつい【蒸し暑い】　（形）シプタラアチサン・シプタイアチサン

むしかご【虫かご】　（名）クー ＊目白かご（ソーミナークー）

むしば【虫歯】　（名）ムシクェーバー

むじょう【無情】　（名）ムジョー →冷酷

むす【蒸す】　（動）ンブシュン・ンブスン〈芋などを〉→蒸す

むずかしい【難しい】　（形）ムチカサン

むすぶ【結ぶ】　（動）ムシブン・ムスブン

むずむず　（擬態）ムジュムジュ・ムズムズ。ムジュルムジュル →うずうず

むだ【無駄】　（名）イタジラ。イチャンダ。イチャンラ。【無駄に時を過ごす】ユラリユン・ユラリーン

むち【鞭】　（名）ブチ

むっつ【六つ】　（名）ムーチ

むなさわぎ【胸騒ぎ】　（名）チムワサミチ。'ンニワサワサ

むなさわぎがする【胸騒ぎがする】　（動）チムワサワサースン

むね【胸】　（名）'ンニ

むほん【謀反】　（名）ムフン

むら【村】　（名）ムラ。クニ。シマ

むらはずれ【村はずれ】　（名）ムラハジシ

むりょう【無料】　（名）ンチャンダ・イチャンラ

むれぼし【群星】　（名）ブリブシ・ムリブシ

め【芽】　（名）ミドゥリ・ミルリ →新芽

め【目】　（名）ミー。【目に入ったゴミ】ミンチャムン・ミンチャムナー。【目の大きい人】ミンタマー。【目をこするさま】ミーシリシリ・ミーシリシリー。【目や口のあたりを使って合図を送ること】ミーヨークチョー

めあて【目当て】　（名）ミヤティ・ミアティ

めい【姪】　（名）ミーックァ

めいしょ【名所】　（名）ミーシュ

めいにち【命日】　（名）ミーニチ

めいれい【命令】　（名）イーチキ。イーワタシ。トゥジキ →言いつけ

めいれいする【命令する】　（動）イーチキユン・イーチキーン

めいわく【迷惑】　（名）ヤッケー

めがさめる【目が覚める】　（動）ウジュムン

めがね【眼鏡】　（名）ガンチョー

め

めぐすり【目薬】　（名）サシグスイ。ミーグスイ

めくばせ【目くばせ】　（名）ミーウチ。ミーヨー

めぐらす【巡らす】　（動）ミグラスン

めぐる【巡る】　（動）ミグユン・ミグイン

めしあがる【召し上がる】　（動）ウサガユン・ウサガイン

めじり【目じり】　（名）ミーヌチビ

めじろ【目白】　（名）〔鳥〕ソーミナー

めす【雌】　（名）ミームン・ミームナー

めずらしい【珍しい】　（形）フィルマサン・ヒルマサン。ミジラサン

めだか【メダカ】　（名）〔魚〕タカマーミ・タカマミ

めだま【目玉】　（名）ミンタマ

めでたいこと　（名）カリユシ。カリー

めまい【目まい】　（名）ブチゲー。ミークラガン

めめしい【女々しい】　（形）ビタラーサン

めんどう【面倒】　（名）ワチャレー

も

も　（助）ン

もう　（副）ナー。【もう一回】ナーチュケーン・ナーチュケーンナー

もうけ【儲け】　（名）モーキ。【儲け仕事】モウケジク

もうける【儲ける】　（動）モーキユン・モーキーン

もうしあげる【申し上げる】　（動）ウンヌキユン・ウンヌキーン。【申し上げます】ウンヌキヤビーン

もうしでる【申し出る】　（動）モーシンジユン・モーシンジーン

もえる【燃える】　（動）メーユン・メーイン

もぐ【捥ぐ】　（動）ムインチュン。ムユン・ムイン〈果実などを〉

もくば【木馬】　（名）チンチンンマグァー・チャンチャンンマグァー　＊おもちゃ

もしも　（副）ムシカ

もずく【モズク】　（名）スヌイ ＊海藻(かいそう)

もち【餅】　（名）ムチ

もつ【持つ】　（動）ムチュン

もっこ【畚】　（名）オーダー・オーラー ＊荷物(にもつ)を運(はこ)ぶのに用いる道具(もち)(どうぐ)

もったいない　（形）イチャサン。アタラサン →惜(お)しい

もっと　（副）ナーフィン・ナーヒン。ユク・ユクン

もっとも【最も】　（副）ムットゥン。イッチン

もつれさせる【縺れさせる】　（動）ンジャラカスン

もつれる【縺れる】　（動）ンジャリユン・ンジャリーン

もてあそぶ【弄ぶ】　（動）ムタブン →弄(いじ)る

もてなす　（動）ティデーイン・ティレーイン →ご馳走(ちそう)する

もと【元】　（名）ムートゥ・ムトゥ

もどる【戻る】　（動）ムドゥイン・ムルイン

もの【物・者】　（接尾）ムヌ。ムン →食(た)べ物、ご飯(はん)

ものおぼえ【物覚え】　（名）ムヌウビ

ものがたり【物語】　（名）ムヌガタイ

ものぐさ　（名）フユー。【ものぐさな者(なまけ)(もの)(者)(もの)】フユーナー

ものさみしくしずまっている【もの寂しく静まっている】　（形）シカラーサン

ものもらい　（名）ミーインデー・ミーンーレー

…ものを　（助）ムンヌ ＊知(し)っているものを知(し)らないふり（シッチョール ムンヌ シランフーナー）

ものをつくるひと【物を作る人】　（名）チュクヤー ＊製作者(せいさくしゃ)

もみがら【もみ殻】　（名）ンナゲー

もも【腿】　（名）ムム

もも【桃】　（名）ムム ＊果物(くだもの)

もやし　（名）マーミナー・マーミナ ＊野菜(やさい)

も

125

もやす【燃やす】　（動）メースン

もよおし【催し】　（名）ムユーシ

もよおす【催す】　（動）ムユースン

もらう【貰う】　（動）イーユン・'イーン

もり【銛】　（名）トゥジャ　*魚を刺して捕らえる道具

もり【森】　（名）ムイ→林

もりあげる【盛り上げる】　（動）ハネーカスン。ハネーキユン・ハネーキーン

もりたてる【盛り立てる】　（動）ムイタティユン・ムイタティーン

もる【漏る】　（動）ムユン・ムイン

もる【盛る】　（動）ムユン・ムイン

もれる【漏れる】　（動）ムリユン・ムリーン

もろみ【醪】　（名）ムルン

もん【門】　（名）ジョー

もんく【文句】　（名）ジーグイ。ゴーグチ →不平

もんちゅう【門中】　（名）ムンチュー

もんばん【門番】　（名）ジョーバン。ムンバン

もんよう【紋様】　（名）アヤ →縞

おもしろ表現

クァタクァタ・グァタグァタ　　ぐつぐつ　＊ものの煮え立つさま

ユッタイクァッタイ　　　　　　たぷたぷ。ちゃぶちゃぷ
　　　　　　　　　　　　　　　　　＊容器の中でたっぷりの水が揺れ動いてたてる音

チョンチョン　　　　　　　　　ぽたぽた　＊水滴がしたたり落ちるさま

ムジュムジュ・ムズムズ。ムジュルムジュル　　うずうず。むずむず
　　　　　　　　　　　　　　　＊あることがしたくて落ち着かないさま

クァラクァラ　　　　　　　　　かんかん。ぎらぎら　＊太陽が照りつけるさま

フィチャラフィチャラ・ヒチャラヒチャラ。チラチラ

　　　　　　　　　　　きらきら　＊光を受けて輝くさま

ソーソー・ソールソール　　　　ざあざあ。ぽろぽろ　＊水または涙が流れるさま

ピリンパラン　　　　　　　　　ぺらぺら　＊外国語をしゃべっているさま

ファーファー　　　　　　　　　火照るさま

イチャイハンチャイ　　　　　　ああ言えばこう言い　＊言葉の応酬のさま

テーテームヌィー・テーテームニー　　　発音のはっきりしない舌がもつれる
　　　　　　　　　　　　　　　　　ような話し方

ヤファラガンジュームン　　　　病弱そうだけど健康な人

ゴーグチヒャーグチ・ゴーグチハーグチ　　　不平不満を言うこと

サーフーフー　　　　　　　　　ほろ酔いのさま

ヌルントゥルン　　　　　　　　ぼんやり。ぼさっとしているさま

ニーブイカーブイ　　　　　　　とっても眠いさま。うつらうつら

チーチーカーカー　　　　　　　食べ物が喉につかえてるさま

トゥルバイカーバイ　　　　　　ぼんやりしているさま

ハーエーゴンゴン　　　　　　　必死になって走るさま

アマハイクマハイ　　　　　　　あちこち駆けずり回るさま

イヒーアハー　　　　　　　　　笑い合うさま

タックァイムックァイ　　　　　べたべたくっつき合うさま

やえやま【八重山】 （名）'エーマ ＊地名^{ちめい}

やかましい （形）ヤガマサン。カシマサン →うるさい

やかん （名）ヤックァン

やぎ【山羊】 （名）〔動〕フィージャー。ヒージャー

やきもち （名）ディンチ・リンチ。^ʔワーナイ・^ʔワーネー →嫉妬^{しっと}

やきもちやき （名）ディンチャー・リンチャー

やきもの【焼き物】 （名）ヤチムン

やく【焼く】 （動）ヤチュン

やくしゃ【役者】 （名）シバイシー

やくしょ【役所】 （名）クージ（公事^{こうじ}）。ヤクス（役所^{やくしょ}）

やくそく【約束】 （名）ヤクスク・ヤクシク

やくだつ【役立つ】 （動）ヤクタチュン

やくどし【厄年】 （名）ヤクドゥシ・ヤクルシ

やくにん【役人】 （名）クァンニン

やけどする【火傷する】 （動）ユーゲースン

やごう【屋号】 （名）ヤーンナー ＊それぞれの家^{いえ}についた名前^{なまえ}

やこうがい【夜光貝】 （名）ヤクゲー

やさい【野菜】 （名）ヤーシェー・ヤシェー

やさいうり【野菜売り】 （名）ヤーシェーウヤー・ヤシェーウヤー

やさしい【優しい】 （形）ウェンダサン・ウェンラサン。ウフヤッサン →大人^{おとな}しい。

【優しい人】ウェンダー・ウェンラー。ウフヤシー

やしき【屋敷】 （名）ヤシチ

やしなう【養う】 （動）ヤシナユン・ヤシナイン

やしゃご【玄孫】 （名）フィチンマガ・ヒチンマガ

やすみ【休み】 （名）ヤシミ

や

やすみじかん【休み時間】 （名）ナカユクイ

やすみどころ【休み所】 （名）ユクイドゥクル・ユクイルクル

やすむ【休む】 （動）ヤシムン

やすもの【安物】 （名）デーヤシー・レーヤシー →値段が安い物

やせる【痩せる】 （動）ヨーガリユン・ヨーガリーン。ヤシユン、ヤシーン。【痩せ細っているさま（がりがり）】ヨーガリーフィーガリー・ヨーガリーヒーガリー

やっつ【八つ】 （名）ヤーチ

やっつける （動）バンミカスン

やっと （副）ヤットゥカットゥ。ヤットゥミカチ

やつれる【窶れる】 （動）ヤチリユン・ヤチリーン

やとう【雇う】 （動）ヤトゥユン・ヤトゥイン

やどかり【ヤドカリ】 （名）アーマン・アマン

やね【屋根】 （名）ヤーヌウィー

やぶる【破る】 （動）ヤユン・ヤイン。ヤンジュン

やま【山】 （名）ヤマ。サン

やまいも【山芋】 （名）ヤマンム →自然薯

やみ【闇】 （名）ヤミ。クラシンミー

やもり【ヤモリ】 （名）ヤードゥー・ヤールー

やり【槍】 （名）ヤイ

やる【遣る】 （動）トゥラスン。【やってあげる】シットゥラスン。【やってください】トゥラシェー。【やってくれ】シットゥラシェー

やわらかく【柔らかく】 （副）ヤファヤファートゥ

やわらぐ【和らぐ】 （動）ヤファラチュン

やわらげる【和らげる】 （動）ヤファラキユン・ヤファラキーン →柔らかくする

や

129

ゆう【結う】　(動) ユーユン・ユーイン

ゆうがた【夕方】　(名) ユサンディ・ユサンリ。アコークロー。ユーイリガタ。
ユーイリエー　→黄昏時^{たそがれどき}

ゆうき【勇気】　(名) イジ　→意地^{いじ}

ゆうしょく【夕食】　(名) ユーバン

ゆうひ【夕日】　(名) サガイティーダ・サガイティーラ

ゆうべ【夕べ】　(名) ユービ　→昨夜^{きくや}

ゆうれい【幽霊】　(名) ユーリー

ゆうわくされる【誘惑される】　(動) フィカサリユン・ヒカサリーン　→引^ひかさ
れる

ゆか【床】　(名) ユカ

ゆがむ【歪む】　(動) ユガムン

ゆがめる【歪める】　(動) ユガミユン・ユガミーン

ゆかり【縁】　(名) 'イン　→縁^{えん}

ゆがんだもの【歪んだもの】　(名) ヨーガー・ヨーゲー

ゆき【雪】　(名) ユチ

ゆくさき【行く先】　(名) イクサチ・イチサチ　→行^いく手^て

ゆげ【湯気】　(名) アチキ。フキ　→蒸気^{じょうき}

ゆすぐ【濯ぐ】　(動) ユシジュン・'ウージュン

ゆする【揺する】　(動) 'ウーユン・'ウーイン。'ウージュン

ゆずる【譲る】　(動) ユジュン・ユジーン

ゆっくり　(副) ヨーンナー

ゆでる【茹でる】　(動) ユディーン・ユリーン

ゆのみぢゃわん【湯飲み茶わん】　(名) チャワン

ゆび【指】　(名) イービ。【指さすこと】イービヌチ。【指折り数えること】イー

130

ビウーイ

ゆびわ【指輪】 （名）イービナギー・イービガニー

ゆめ【夢】 （名）イミ。ユミ

ゆらい【由来】 （名）ユレー

ゆるい【緩い】 （形）ユルサン

ゆるす【許す】 （動）ヌガーラスン。ユルスン →見逃してやる

よい【良い】 （形）ユタサン。'イー →いい。【良し悪し】ユタサワッサ。【良かった】ユタサタン

ようか【八日】 （名）ハチニチ

ようかい【妖怪】 （名）マジムン。ヤナムン →化け物

ようし【養子】 （名）チカネーングァ・チカナイングァ

ようじ【用事】 （名）ユージュ。ユージュカチ

ようす【様子】 （名）ヨーシ

ようだ （助動）グトゥ

ようぼう【容貌】 （名）カーギ。チラカーギ。ミーマユ →顔立ち

よかん【余寒】 （名）ワカリビーサ。ムドゥイビーサ

よく【欲】 （名）ユク

よくじつ【翌日】 （名）ナーチャ

よくばりもの【欲張り者】 （名）ユークー・ユクー。ユークナムン

よくやった【良くやった】 （感）シタイ。シタイヒャー

よけい【余計】 （名）ʔワーバ →余分。【余計な事】ʔワーバグトゥ

よごす【汚す】 （動）ユグスン

よごれ【汚れ】 （名）フィング・ヒング →垢「汚れが顔についた人（フィンガーワーヲゥ）」

131

よそう【装う】　（動）イリユン・イリーン。ウカギユン〈食^たべ物^{もの}を〉→入れる

よだれ【涎】　（名）ユダイ・ユライ

よちよちあるき【よちよち歩き】　（名）ブラブラーアッチ →千鳥足^{ちどりあし}

よっか【四日】　（名）ユッカ

よつたけ【四つ竹】　（名）ユチダキ・ユチラキ ＊琉球舞踊^{りゅうきゅうぶよう}で使^{つか}う楽器^{がっき}

よっつ【四つ】　（名）ユーチ

よっぱらい【酔っ払い】　（名）ウィッチュー・ウィッチャー

よなか【夜中】　（名）ユナカ

よびさます【呼び覚ます】　（動）ユビサマスン

よぶ【呼ぶ】　（動）アビユン・アビーン。ユブン

よぶん【余分】　（名）ユチー。アマイ。ˀワーバ

よみかた【読み方】　（名）ユミヨー

よむ【読む】　（動）ユムン。【読み合^あう】ユミアースン

よめ【嫁】　（名）ユミ。【嫁入^いり前^{まえ}】タチメー

よもぎ【ヨモギ】　（名）フーチバー ＊野菜^{やさい}

より　（助）ヤカ ＊比較^{ひかく}の基準^{きじゅん}を示^{しめ}す言葉^{ことば}。「あなたより私^{わたし}が美人^{びじん}だ（ウンジュ ヤカ ワンネー チュラサン）」

よりあい【寄り合い】　（名）ユーレー

よりかかる【寄りかかる】　（動）ウッチャカユン・ウッチャカイン

よる【夜】　（名）ユル

よろこび【喜び】　（名）ユルクビ

よろこぶ【喜ぶ】　（動）ユルクブン。【小躍^{こおど}りして喜ぶこと】ˀウドゥイハニ・ˀウルイハニ。トゥンジャーモーヤー。トゥンモーイモーイ。モーイハニ

よろしい　（形）ユタサン。シムン ＊よろしいです（ユタサイビーン）

よろしく　（副）ユタサルグトゥ。【よろしくお願^{ねが}いします】ユタサルグトゥ ウニゲー サビラ

よわい【弱い】　（形）ヨーサン

よわまる【弱まる】　（動）ヤビリユン・ヤビリーン。ヤファラチュン。ヨーユン・ヨーイン →衰弱する

よわむし【弱虫】　（名）ヨーバー。ビーラー

よわる【弱る】　（動）ヨーユン・ヨーイン。ヤファラチュン。ヤビリユン・ヤビリーン

よん【4】　（名）シー

ら

らいげつ【来月】　（名）タチチ

らいねん【来年】　（名）ヤーン

らく【楽】　（名）ラク

らくたん【落胆】　（名）チルダイ・チルライ

…らしい　（接尾）ラーサン ＊いかにも…にふさわしい

らしんばん【羅針盤】　（名）カラハーイ

らっかせい【落花生】　（名）ジーマーミ →ピーナッツ

らっきょう【ラッキョウ】　（名）ダッチョー・ラッチョー

らんおう【卵黄】　（名）アカミー →黄身

らんぼうである【乱暴である】　（形）アラサン →荒い、粗い

り

りかいする【理解する】　（動）ヌミクムン・ヌンクムン。ワカユン・ワカイン

りく【陸】　（名）アギ

りこうもの【利口者】　（名）ソーイラー・ソーイリムン

りそうきょう【理想郷】　（名）ニライカナイ・ニレーカネー ＊海の彼方にあると
信じられている理想郷

りとう【離島】　（名）ハナリジマ。ハナリ →離れ島

りゆう【理由】　（名）ワキ。ワチエー。チムエー。チムイ

りゅうか【琉歌】　（名）ウタ ＊八六六六で歌われる沖縄の短歌

りゅうきゅう【琉球】　（名）リュウチュウ ＊地名：沖縄の別名

リュウキュウアブラゼミ　（名）〔昆〕ナービカチカチー

リュウキュウコクタン　（名）〔植〕クルチ

らり

リュウキュウツヤハナムグリ　（名）〔昆〕カーニーグンバー。カニブーブー

リュウキュウヤマガメ　（名）〔動〕ヤンバルガーミー

りゅうこう【流行】　（名）フェーイ・ヘーイ →流行り_や

りゅうたん【龍潭】　（名）イユグムイ ＊首里_{しゅり}にある池_{いけ}

りょうかいする【了解する】　（動）トゥイウキユン・トゥイウキーン

りょうし【漁師】　（名）ウミンチュ（海人）

りょうしん【両親】　（名）タイヌウヤ。フタウヤ

りょうほう【両方】　（名）タトゥクマ。タトゥクル。ローホー

るすばん【留守番】　（名）ヤーヌバーン

れいこく【冷酷】　（名）ムジョー →無情_{むじょう}

れいりょく【霊力】　（名）シジ。【霊力が強い】サーダカサン・サーラカサン。
シジダカサン・シジラカサン

れきし【歴史】　（名）リチシ

レタス　（名）チサナバー・チサナ ＊野菜_{やさい}

れんこん【蓮根】　（名）リンクン ＊野菜_{やさい}

ろうじん【老人】　　（名）トゥスイ

ろうそく【蝋燭】　　（名）ドー・ロー。ドークス・ロークス

ろく【6】　　（名）ルク

ろくがつ【六月】　　（名）ルクグァチ

ろじ【路地】　　（名）スージグァー

わ

わかい【若い】　（形）ワカサン。【若々しく】ワカッテーン

わかす【沸かす】　（動）フカサン。ワカスン

わがまま【我儘】　（名）ジママ。ドゥーガッティ・ルーガッティ。フンデー・フンレー（子どもが甘えてわがままを言うこと）

わがままなもの【我儘な者】　（名）ボーチラー。ボーチリムン

わかもの【若者】　（名）ワカムン →青年

わかれ【別れ】　（名）ワカリ

わかれる【別れる・分かれる】　（動）ワカリユン・ワカリーン。ワカユン・ワカイン

わきでる【湧き出る】　（動）ワチャガユン・ワチャガイン

わきみず【湧水】　（名）カー

わけ【訳】　（名）ワキ。ワチエー →意味

わける【分ける】　（動）ワカスン。ワキユン・ワキーン

わざわい【災い】　（名）ワジャウェー

わすれる【忘れる】　（動）ワシユン・ワシーン

わた【綿】　（名）ワタ

わたし【私】　（代）ワン。【私の】ワー。【私も】ワンニン

わたしたち【私たち】　（代）ワッター

わたしば【渡し場】　（名）ワタンジ。トゥグチ →渡船場

わたす【渡す】　（動）ワタスン

わたる【渡る】　（動）ワタユン・ワタイン

わびる【詫びる】　（動）ワビユン・ワビーン

わぼく【和睦】　（名）ワブク

わらいがお【笑い顔】　（名）ワレーガウ・ワレージラ

わらいばなし【笑い話】　（名）ワレーバナシ

わ

わらう【笑う】　　（動）ワラユン・ワライン

わる【割る】　　（動）ワユン・ワイン

わるい【悪い】　　（形）ワッサン

わるい【悪い】　　（接頭）ヤナ →嫌な。【悪い事】ヤナクトゥ。【悪いもの】ヤ
ナムン

わんぱく【腕白】　　（名）ウーマク。シティマク

・主な参考文献

『沖縄語辞典　那覇方言を中心に』内間直仁・野原三義編著　研究社、2006

『沖縄語辞典』国立国語研究所編、大蔵省印刷局、1963

『岩波国語辞典』第四版、西尾実・岩渕悦太郎・水谷静夫編、岩波書店、1990

『ウチナーグチ〈沖縄語〉練習帳』高良勉著　日本放送出版協会、2005

『よくわかるウチナーグチ』徳元英隆著　沖縄文化社、2020

沖縄県文化協会（おきなわけんぶんかきょうかい）

沖縄県文化協会は、1994年3月に設立され、1995年3月には県内各地の言葉を聴いて楽しむイベントとして第1回目の「しまぬくとぅばさーに語やびら大会」を開催した。その後「しまぬくとぅば語やびら大会」「しまくとぅば語やびら大会」と名前を変え、それぞれの地域の個性を競うのではなく、認め、楽しむイベントとして続け、令和6年度には第29回を迎える。2017年からは、しまくとぅば普及センターの運営事業を沖縄県から受託し、普及に取り組む市町村文化協会をはじめとした関係機関と連携を図りながら、県内のしまくとぅばの普及に取り組んでいる。

〒900-0021　沖縄県那覇市泉崎1-2-2　文化振興課内

電話　098-867-4746

監修

狩俣繁久（かりまたしげひさ）

言語学者、琉球大学名誉教授、しまくとぅば普及センター長

国吉朝政（くによしともまさ）

那覇市首里出身、NPO法人沖縄県沖縄語普及協議会

共通語でひける
シマクトゥバ単語 BOOK
沖縄・中南部編

2024年　4月　30日　初版第一刷発行

編　者	沖縄県文化協会
監　修	狩俣繁久・国吉朝政
発行者	池宮紀子
発行所	ボーダーインク
	〒902-0076　沖縄県那覇市与儀226-3
	電話 098-835-2777　fax 098-835-2840
印刷所	（株）東洋企画印刷

© Okinawaken bunka kyokai, 2024

ISBN978-4-89982-464-0　　　　printed in OKINAWA,Japan